KombiKOMPETENT

Deutsch

Modulares Üben und Sichern
grundlegender Kenntnisse
aus der Sekundarstufe I

Von Claudia Högemann
unter Mitarbeit von Felix Saure

C.C.Buchner

KombiKOMPETENT

Deutsch

Modulares Üben und Sichern grundlegender Kenntnisse
aus der Sekundarstufe I

Von Claudia Högemann
unter Mitarbeit von Felix Saure

1. Auflage, 3. Druck 2019
Alle Drucke dieser Auflage sind, weil untereinander unverändert, nebeneinander benutzbar.

Dieses Werk folgt der reformierten Rechtschreibung und Zeichensetzung. Ausnahmen bilden Texte, bei denen künstlerische, philologische oder lizenzrechtliche Gründe einer Änderung entgegenstehen.

www.ccbuchner.de

Redaktion: Jutta Förtsch
Satz: ideen.manufaktur, Bochum
Druck und Bindung: Graph. Großbetrieb Friedrich Pustet, Regensburg

ISBN: 978-3-7661-**3620**-6

Vorwort

Der Übergang in die gymnasiale Oberstufe bedeutet einen Neuanfang in Ihrer schulischen Laufbahn. Damit dieser Neustart für jede und jeden gut gelingt, wurde dieses Heft zur Vertiefung Ihrer Kenntnisse entwickelt. Es zielt auf die Weiterentwicklung und Sicherstellung der Kompetenzen, die für eine erfolgreiche Arbeit in der Qualifikationsphase auf den Weg zum Abitur erforderlich sind. Wichtig ist in dieser Phase, dass Sie eigene Stärken erkennen und ausbauen sowie eigene Schwächen ermitteln und verringern können. Zum Aufbau von Selbstbewusstsein und Motivation durch Lernerfolg bietet Ihnen dieses Heft zahlreiche Übungsmöglichkeiten für die eigenständige Arbeit zur Wiederholung und Festigung aller Basiskompetenzen aus der Sekundarstufe I.

Bei der Arbeit mit diesem Heft vernetzen Sie Ihr Wissen in allen Kompetenzbereichen und festigen den Umgang mit dem nötigen terminologischen Instrumentarium.

Ein besonderes Augenmerk liegt auf der Förderung Ihrer Selbsteinschätzung und der Überprüfung Ihres individuellen Lernzuwachses (☞ Diagnostizieren).

Im Bereich Umgang mit Texten sind Sie in der Oberstufe, nicht nur im Fach Deutsch, zunehmend gefordert, sich mit komplexen Texten auseinanderzusetzen. Hierbei ist ein selbstständiger Umgang mit Strategien und Techniken des Textverstehens unerlässlich. Mit den Übungen dieses Heftes schärfen Sie Ihr Bewusstsein für passende Lesestrategien anhand von Sachtexten (☞ Sachtexte untersuchen) und allen für die Oberstufe relevanten Textsorten (☞ dramatische und lyrische Texte untersuchen). Beim Umgang mit epischen Texten (☞ epische Texte untersuchen) bildet die Erschließung und das Verstehen von bildhafter Sprache bzw. ganzer Texte einen Schwerpunkt.

Im Bereich Schreiben trainieren Sie die Textplanung, die Texterstellung und die Textüberarbeitung und nehmen besonders auch den Adressatenbezug in den Blick (☞ Argumentieren).

Bei der Reflexion über Sprache (☞ siehe dort) vertiefen Sie weitere Basiskompetenzen des Schreibens, indem Sie orthographische, grammatische und stilistische Normen bis hin zu Standards des Zitierens wiederholen und vertiefen und für die konkrete Überarbeitung von Texten nutzbar machen.

so geht's

Um Anforderungen zu bewältigen, benötigt man neben Fachwissen in einzelnen Lernbereichen auch die Kenntnis über bereits erworbene Kompetenzen. Es gilt, **eigene Fähigkeiten zu überprüfen** und **selbstständig zu erweitern**. Dazu muss man **Methoden** zum selbstständigen Erkennen eigener Schwächen und Fehler anwenden. Man sollte sich darüber klar werden, welches bereits **vorhandene Wissen** jeweils zur **Lösung** genutzt werden kann. Darüber hinaus ist die **Motivation, Fehlerursachen zu analysieren, zu beseitigen** und **Lernsituation zu reflektieren**, maßgeblich für den Erfolg.

1 Verschiedene Formen der Selbstdiagnose kennenlernen und anwenden

→ **Nutzen** Sie Ihre **Klassenarbeiten** und **erstellen** Sie aufgrund der dort vermerkten Fehler einen **Fehleranalysebogen** nach den Bereichen **Rechtschreibung** und **Zeichensetzung, Stil** und **Inhalt**. (☞ 1.1)

→ **Stellen** Sie aufgrund der Gespräche mit Lehrkräften oder aufgrund eigener Erfahrungen im Unterricht die **Teilbereiche des Deutschunterrichts zusammen**, die Ihnen die größten Probleme machen. (☞ 1.1)

→ **Überprüfen** Sie mithilfe von Lehrbüchern und Arbeitsheften Ihre **Fachkenntnisse** eigenständig von Zeit zu Zeit. (☞ 1.2)

2 Defizite einordnen und mit Kompetenzen vernetzen

→ **Suchen** Sie **Ursachen** für vorhandene Defizite. **Klären** Sie für sich, ob **negative Erfahrungen** Sie demotiviert haben, in diesem Bereich zu arbeiten, ob Desinteresse an diesem Bereich vorliegt, ob die **Auseinandersetzung** mit diesem Bereich **nicht intensiv genug war** oder ob Ihnen diese Schwäche gar nicht bewusst war. (☞ 1.1)

→ **Erstellen S**ie eine **Liste** mit den fünf Ihrer Meinung nach größten **Stärken** in Bezug auf schulisches Lernen. **Stellen** Sie diese Ihren vermeintlichen **Defiziten gegenüber** und überlegen Sie, wie Sie die Stärken zur **Behebung** der Schwächen nutzen können, z.B. *systematisches Denken kann beim Lernen von Fachbegriffen helfen, ein gutes Gehör ist zum Lernen von Texten zu nutzen ...*

3 Kompetenzzuwächse wahrnehmen und dokumentieren

→ **Notieren** Sie Ihre **Schwächen** und **formulieren** Sie ein realistisches **Ziel** zu deren Behebung. Setzen Sie sich auch einen **Zeitrahmen**. (☞ 1.4)

→ **Ergänzen** Sie jeden **Fortschritt** und den **Weg**, den Sie dabei eingeschlagen haben: *Welche Methode haben Sie angewendet? Haben Sie mehr Zeit investiert? Hat Ihnen jemand etwas erklärt? ...*

→ **Nutzen** Sie Ihre **Fortschritte** und die dabei gewonnenen **Erkenntnisse** auch für andere Bereiche. (☞ 1.5)

TIPPS UND QUERVERWEISE

Rechtschreibung/Zeichensetzung (☞ S. 90 ff.), Stil (☞ S. 76 ff.), Zitieren (☞ S. 96), Glossare in Schulbüchern, Lexika, Wörterbücher

ACHTUNG: FEHLERQUELLEN!

Das größte Problem besteht darin, dass man eigene Schwächen nicht wahrnimmt, also ist Ehrlichkeit sich selbst gegenüber unabdingbar. Darüber hinaus darf man sich von Misserfolgen nicht demotivieren lassen, sondern muss den Mut haben, eigene Fehler als Herausforderung zu sehen.

1.1 Stärken und Schwächen selbst einschätzen

1 Lesen Sie den Diagnosebogen gut durch und bearbeiten Sie ihn wie folgt:
→ Kreuzen Sie bei jedem Bereich ehrlich an, was Ihrer Meinung nach auf Sie zutrifft.
→ Setzen Sie in der dritten Spalte ein Fragezeichen, wenn Ihnen einen Bereich oder Teilbereich unklar ist.

2 Vergleichen und besprechen Sie Ihr Ergebnis mit einer Kursteilnehmerin oder einem Kursteilnehmer.

3 Bitten Sie Ihre Lehrkraft um Ihre Einschätzung.

4 Beginnen Sie die Arbeit in diesem Arbeitsheft entweder mit dem Bereich, bei dem Sie Ihre Fähigkeiten am schwächsten einschätzen oder mit dem Bereich, an dem Sie Ihre Fähigkeiten am stärksten einschätzen. Diese Entscheidung sollten Sie danach fällen, was Sie am besten motiviert.

5 Bearbeiten Sie den Diagnosebogen in regelmäßigen Abständen (etwa nach dem Schreiben einer Klausur) neu.

	Kann ich gut	Kann ich noch nicht so gut	Ist mir unbekannt
Kompetenzbereich: Lesen			
Methoden zum Erfassen von Texten			
• Orientierendes Lesen/Überblickslesen	☐	☐	☐
• Suchendes Lesen	☐	☐	☐
• Genaues Lesen	☐	☐	☐
Methoden zum Zusammenfassen und Erschließen von Texten			
• Unterstreichen/Markieren	☐	☐	☐
• Fragen an den Text stellen	☐	☐	☐
• Wegstreichmethode anwenden	☐	☐	☐
• Mind-Maps erstellen	☐	☐	☐
• Exzerpte anfertigen	☐	☐	☐
Kompetenzbereich: Analyse von literarischen Texten			
• Formale Merkmale epischer Literatur bestimmen und benennen	☐	☐	☐
• Inhaltliche Merkmale epischer Literatur beschreiben	☐	☐	☐
• Formale Merkmale lyrischer Literatur bestimmen und benennen	☐	☐	☐
• Inhaltliche Merkmale lyrischer Literatur beschreiben	☐	☐	☐
• Formale Merkmale dramatischer Literatur bestimmen und benennen	☐	☐	☐
• Inhaltliche Merkmale dramatischer Literatur beschreiben	☐	☐	☐
Kompetenzbereich: Analyse von Sachtexten			
• Intention (Funktion) von Sachtexten erkennen	☐	☐	☐
• Sachtexte klassifizieren (einordnen)	☐	☐	☐
• Sprachlich-stilistische Merkmale untersuchen	☐	☐	☐
• Adressatenbezug erkennen und erläutern	☐	☐	☐

Kompetenzbereich: Schreiben	Kann ich gut	Kann ich noch nicht so gut	Ist mir unbekannt
• Inhaltsangabe/Textwiedergabe und -beschreibungen verfassen	☐	☐	☐
• Berichte/Beschreibungen anfertigen	☐	☐	☐
• Texterläuterung/-interpretation schreiben	☐	☐	☐
• Freie und textgebundene Erörterungen (Argumentationen) schreiben	☐	☐	☐
• Kreative und produktionsorientierte Aufgaben lösen	☐	☐	☐
• Textkohärenz beachten	☐	☐	☐
• Satzbau variieren	☐	☐	☐
• Auf angemessenen Stil achten	☐	☐	☐
Kompetenzbereich: Medien			
• Selbstständig Informationen beschaffen, recherchieren	☐	☐	☐
• Informationen kritisch prüfen und beurteilen	☐	☐	☐
• Passende Medien zur Präsentation auswählen	☐	☐	☐
• Journalistische Textsorten unterscheiden	☐	☐	☐
• Journalistische Textsorten analysieren	☐	☐	☐
Kompetenzbereich: Kommunikation			
• Sprachwandel, Dialekte und Fachsprachen bestimmen	☐	☐	☐
• Grundlegende Kommunikationsmodelle anwenden	☐	☐	☐
• Sach- und Beziehungsebene (bzw. analoge und digitale Kommunikation) auch in Texten erläutern	☐	☐	☐

6 Im Folgenden finden Sie die drei Niveaustufen, die für die Bewertung von Leistungen verbindlich sind.
→ Schätzen Sie ein, auf welcher Niveaustufe Sie sich insbesondere beim Umgang mit Texten und Medien befinden.

Reproduktion	Reorganisation	Transfer/Problemlösung
• Inhalte wiedergeben • Begriffe definieren • Versuche/Abläufe beschreiben • Fachsprache anwenden	• Sachverhalte erläutern • Aussagen begründen • Zusammenhänge erklären • Grafiken methodisch auswerten • Text in Grafiken übersetzen	• Gelerntes auf neue Sachverhalte übertragen • Aussagen beurteilen und Kriterien formulieren • Begründet Stellung nehmen • Lösungswege aufzeigen

1.2 Grundkenntnisse überprüfen

1 Notieren Sie zu den Aufgaben der vier Lernbereiche jeweils zentrale Grundbegriffe und stichwortartige Kenntnisse.

2 Überprüfen Sie Ihre Erarbeitung mithilfe eines Wörterbuchs, einer Grammatik oder Ihres Schulbuchs und ergänzen oder korrigieren Sie ggf. Ihre Notizen. (Beantworten Sie die Fragen in Ihrem Heft, wenn der Platz hier nicht ausreicht.)

3 Kontrollieren Sie im Anschluss mithilfe des Lösungsteils Ihre Ergebnisse.

4 Markieren Sie den Bereich, in dem Sie die größten Kenntnisse haben.
→ Vergleichen Sie, ob Ihre Selbsteinschätzung (☞ S. 6 f.) sich mit diesem Ergebnis deckt. Falls nicht, versuchen Sie die Gründe dafür zu benennen.

Umgang mit Texten und Medien

1 Notieren Sie Unterschiede zwischen fiktionalen Texten und Sachtexten.
2 Nennen Sie die Grundgattungen der Literatur.
3 Notieren Sie verschiedene epische Textsorten.
4 Notieren Sie Merkmale einer Kurzgeschichte.
5 Nennen Sie Darbietungsformen des Erzählens (Erzählweisen).
6 Notieren Sie unterschiedliche Reimschemata.
7 Erläutern Sie, was ein Versmaß ist und nennen Sie die wichtigsten.
8 Notieren Sie die Grundbegriffe des Dramas.
9 Erläutern Sie den Begriff „rhetorisches“ Mittel und nennen Sie mindestens fünf mit Beispielen.
10 Beschreiben Sie die Funktion von Motiven in der Literatur und nennen Sie Beispiele.
11 Notieren Sie unterschiedliche satirische Textsorten.
12 Notieren Sie verschiedene Medien.
13 Notieren Sie journalistische Darstellungsformen.

Schreiben

1 Skizzieren Sie die Grundlagen für eine Sachtextanalyse.
2 Erläutern Sie, wie eine Erörterung aufgebaut und geschrieben wird.
3 Nennen Sie wichtige Elemente bei einer Filmanalyse.
4 Notieren Sie die Grundlagen der Prosatextanalyse.
5 Beschreiben Sie Grundzüge der Interpretation eines lyrischen Textes.
6 Notieren Sie die Schritte der Interpretation einer Dramenszene.
7 Notieren Sie Bestandteile eines Protokolls.
8 Geben Sie die Schritte einer Bildbeschreibung an.
9 Nennen Sie wesentliche Kennzeichen einer Charakterisierung.

Reflexion über Sprache

1 Nennen Sie die drei Leistungen sprachlicher Zeichen.
2 Notieren Sie Grundbestandteile eines Kommunikationsmodells und nennen Sie wenigstens eins.
3 Erläutern Sie den Begriff Jugendsprache.
4 Beschreiben Sie die Bedeutung des Begriffs Semantik.
5 Erläutern Sie den Unterschied zwischen Hypotaxe und Parataxe.
6 Notieren Sie Regeln zum Komma zwischen Sätzen.
7 Notieren Sie Satzglieder.
8 Listen Sie verschiedene Arten von Nebensätzen auf.
9 Beschreiben Sie Grundmerkmale und Verwendungsweisen der wörtlichen und der indirekte Rede.
10 Unterteilen Sie die Wortarten in zwei Grundkategorien und ordnen Sie die einzelnen Wortarten unter.
11 Nennen Sie Grundbegriffe einer Argumentation.

Methoden

1 Notieren Sie die wichtigsten Kriterien eines Vortrags/Referats.
2 Nennen Sie die wesentlichen Faktoren für das Gelingen beim gestaltenden Sprechen.
3 Zeigen Sie den Unterschied zwischen einem Cluster und einer Mind-Map auf.
4 Benennen Sie die Faktoren für eine Internetrecherche.
5 Notieren Sie wesentliche Kriterien richtigen Zitierens.

1.3 Eine Klausur überarbeiten

1 Bereiten Sie Ihre Klausur-Überarbeitung mit folgenden Schritten vor:
→ Lesen Sie zunächst die Inhaltsangabe zum Roman.
→ Lesen Sie anschließend Aufgabenstellung und Textausschnitt.
→ Unterstreichen Sie in der Aufgabenstellung die Operatoren.
→ Notieren Sie in Stichpunkten, was entsprechend den Operatoren Ihrer Meinung nach in der Schülerlösung enthalten sein muss.
→ Notieren Sie, welche Teile der Aufgabenstellung Ihnen eventuell unklar sind.

Inhaltsangabe

„Der Vorleser" ist ein Roman des deutschen Schriftstellers Bernhard Schlink aus dem Jahr 1995. Er behandelt die Beziehung eines anfänglich 15 Jahre alten Jungen zu einer 36 Jahre alten Frau, die Folgen dieser Beziehung sowie den Holocaust im Dritten Reich und die Frage, wie mit den Tätern umgegangen werden sollte. Die Handlung des Romans ist in drei Teile gegliedert und schildert in überwiegend chronologischen Rückblenden aus der Erzählgegenwart der 1990er Jahre die Erlebnisse des Ich-Erzählers.
Der anfänglich 15 jährige Protagonist Michael Berg erzählt von seiner zufälligen Bekanntschaft mit der wesentlich reiferen Hanna Schmitz und ihrer gemeinsamen heimlichen Beziehung. Aus dem zunächst von sexuellem Interesse geprägten Verhältnis entsteht schließlich eine Liebesbeziehung, die durch das Ritual des Vorlesens geprägt ist.
Im selben Jahr verlässt Hanna die Stadt plötzlich. Michael macht sich anfangs dafür verantwortlich, weil er glaubt, Hanna durch seine Bekanntschaft zu einem gleichaltrigen Mädchen verleumdet zu haben. Nach Beendigung der Schule beginnt er ein Jurastudium. Während seiner Studienzeit wohnt er mehreren Sitzungen vor Gericht bei und trifft dabei auf Hanna, die angeklagt ist, unterlassene Hilfeleistung und mehrfache Beihilfe zum Mord als Aufseherin in einem KZ in Auschwitz und später in Krakau begangen zu haben. Zu diesem Zeitpunkt begreift Michael, dass Hanna das Vorlesen so wichtig gewesen ist, weil sie Analphabetin ist. Als sie angeklagt wird, ein bestimmtes Protokoll geschrieben zu haben, erwähnt er es dem Richter gegenüber jedoch aus Gewissenskonflikten nicht. Hanna wird zu lebenslanger Freiheitsstrafe verurteilt.
Michael beendet sein Studium und heiratet die Juristin Gertrud. Die beiden bekommen ein Kind, das sie Julia nennen. Die Ehe scheitert wie alle Beziehungen Michaels und Julia bleibt bei ihrer Mutter. Im Anschluss an sein Referendariat arbeitet Michael als Rechtshistoriker und beginnt von diesem Zeitpunkt an, für Hanna auf Kassetten vorzulesen und sie ihr ins Gefängnis zu schicken. Es entwickelt sich somit erneut das Ritual des Vorlesens. Während ihrer Haftzeit bringt Hanna sich mit Hilfe von Michaels Vorträgen autodidaktisch das Lesen und das Schreiben bei. Sie schickt ihm kurze Grüße, die er unbeantwortet lässt.
Als Hannas Entlassung näher rückt, erhält Michael einen Brief von der Gefängnisleiterin, in dem sie ihn um ein Treffen bittet, da er der einzige Kontakt Hannas außerhalb des Gefängnisses ist und ihr nach der Entlassung helfen soll. Er bereitet alles dafür vor und besucht eine Woche vor dem Entlassungstermin Hanna im Gefängnis. Offenbar spürt Hanna Michaels Distanz zu ihr, zumal er ihre Leistung, autodidaktisch das Lesen und das Schreiben erlernt zu haben, kaum würdigt. Am Tag der Entlassung tötet sie sich selbst. Sie hinterlässt Michael eine Botschaft, in der sie ihn darum bittet, ihr gespartes Geld von rund 7000 Deutschen Mark der Überlebenden des Todesmarsches, der jüngeren Zeugin im Prozess gegen Hanna, zu übergeben. Diese möchte es jedoch nicht annehmen, um Hanna damit nicht eine Art Absolution zu erteilen. Sie einigt sich aber mit Michael darauf, es einer jüdischen Organisation gegen Analphabetismus zukommen zu lassen.

Textauszug aus „Der Vorleser“ von Bernhard Schlink, S. 41 bis 44

Die Erinnerung, die die ersten Begegnungen mit Hanna hell ausleuchtet und genau festhält, lässt die Wochen zwischen unserem Gespräch und dem Ende des Schuljahrs ineinander verschwimmen. Ein Grund dafür ist die Regelhaftigkeit, mit der wir uns trafen und mit der die Treffen abliefen. Ein anderer Grund ist, dass ich davor noch nie so volle Tage gehabt hatte, mein Leben noch nie so schnell und dicht gewesen war. Wenn ich mich an das Arbeiten in jener Wochen erinnere, ist mir, als hätte ich mich an den Schreibtisch gesetzt und wäre an ihm sitzengeblieben, bis alles aufgeholt war, was ich während der Gelbsucht versäumt hatte, alle Vokabeln gelernt, alle Texte gelesen, alle mathematischen Beweise geführt und chemischen Verbindungen geknüpft. Über die Weimarer Republik und das Dritte Reich hatte ich schon im Krankenbett gelesen. Auch unsere Treffen sind mir in der Erinnerung ein einziges langes Treffen. Seit unserem Gespräch waren sie immer am Nachmittag: wenn sie Spätschicht hatte, von drei bis halb fünf, sonst um halb sechs. Um sieben wurde zu Abend gegessen, und zunächst drängte Hanna mich, pünktlich zu Hause zu sein. Aber nach einer Weile blieb es nicht bei den eineinhalb Stunden, und ich fing an, Ausreden zu erfinden und das Abendessen auszulassen.

Das lag am Vorlesen. Am Tag nach unserem Gespräch wollte Hanna wissen, was ich in der Schule lernte. Ich erzählte von Homers Epen, Ciceros Reden und Hemingways Geschichte vom alten Mann und seinem Kampf mit dem Fisch und dem Meer. Sie wollte hören, wie Griechisch und Latein klingen, und ich las ihr aus der Odyssee und den Reden gegen Catilina vor.

„Lernst du auch Deutsch?“

„Wie meinst du das?“

„Lernst du nur fremde Sprachen, oder gibt es auch bei der eigenen Sprache noch was zu lernen?“

„Wir lesen Texte.“ Während ich krank war, hatte die Klasse „Emilia Galotti“ und „Kabale und Liebe“ gelesen, und demnächst sollte darüber eine Arbeit geschrieben werden. Also musste ich beide Stücke lesen, und ich tat es, wenn alles andere erledigt war. Dann war es spät, und ich war müde, und was ich las, wusste ich am nächsten Tag schon nicht mehr und musste ich noch mal lesen.

„Lies es mir vor!“

„Lies selbst, ich bring's dir mit.“

„Du hast so eine schöne Stimme, Jungchen, ich mag dir lieber zuhören als selbst lesen.“

„Ach, ich weiß nicht.“

Aber als ich am nächsten Tag kam und sie küssen wollte, entzog sie sich. „Zuerst musst du mir vorlesen.“

Sie meinte es ernst. Ich musste ihr eine halbe Stunde lang „Emilia Galotti“ vorlesen, ehe sie mich unter die Dusche und ins Bett nahm. jetzt war auch ich über das Duschen froh. Die Lust, mit der ich gekommen war, war über dem Vorlesen vergangen. Ein Stück so vorzulesen, dass die verschiedenen Akteure einigermaßen erkennbar und lebendig werden, verlangt einige Konzentration. Unter der Dusche wuchs die Lust wieder. Vorlesen, duschen, lieben und noch ein bisschen beieinanderliegen - das wurde das Ritual unserer Treffen.

Sie war eine aufmerksame Zuhörerin. Ihr Lachen, ihr verächtliches Schnauben und ihre empörten oder beifälligen Ausrufe ließen keinen Zweifel, dass sie der Handlung gespannt folgte und dass sie Emilia wie Luise für dumme Gören hielt. Die Ungeduld, mit der sie mich manchmal bat weiterzulesen, kam aus der Hoffnung, die Torheit müsse sich endlich legen. „Das darf doch nicht wahr sein!“

Manchmal drängte es mich selbst weiterzulesen. Als die Tage länger wurden, las ich länger, um in der Dämmerung mit ihr im Bett zu sein. Wenn sie auf mir eingeschlafen war, im Hof die Säge schwieg, die Amsel sang und von den Farben der Dinge in der Küche nur noch hellere und dunklere Grautöne blieben, war ich vollkommen glücklich.

Aufgabenstellung der Klausur

1. Ordnen Sie die Textstelle in den Handlungszusammenhang ein. Gliedern Sie sie in vier Erzählabschnitte und geben Sie dabei den Inhalt wieder.

2. Analysieren Sie die Textstelle und arbeiten dabei heraus,

a) in welcher Situation das Ritual des Vorlesens entsteht und

b) welche Bedeutung es für die Liebesbeziehung von Michael und Hanna im weiteren Verlauf des Romans einnimmt.

3. Bernhard Schlink hat mit dem Titel „Der Vorleser“ das Motiv des Vorlesens besonders hervorgehoben.
Stellen Sie dar, welche Rolle das Vorlesen im weiteren Verlauf des Romans spielt, und erörtern Sie, inwieweit der Titel dem Geschehen des Romans gerecht wird.

2 Korrigieren Sie nach dem ersten Lesen die Schülerlösung mittels der folgenden Korrekturzeichen am Rande. Achten Sie dabei darauf, ob Zitate korrekt mit entsprechenden Satzzeichen versehen sind.

WISSEN

Sa – sachlicher Fehler (inhaltlich falsche Darstellung)

L/Logik – logischer Fehler

Fa – falsche Verwendung von Fachsprache

Wdh – Inhalte werden wiederholt dargestellt, da der Aufbau des Textes an sich unstrukturiert ist

R – Verstoß gegen die korrekte Rechtschreibung

Z – Fehler im Bereich der Zeichensetzung

Gr – Fehler im Bereich der Grammatik

T – Fehler innerhalb der zeitlichen Struktur

M – Fehler bezüglich der Aussageweise (Indikativ, Konjunktiv, indirekte Rede)

Bz – fehlerhafter oder ungenauer Bezug innerhalb von oder zwischen Sätzen

Sb – Fehler im Satzbau

A – fehlerhafter Ausdruck (zumeist mehrere Wörter)

W – unpassende Wortwahl

Stil – unangemessener Stil

(–) – überflüssiges Wort

√ – fehlendes Wort

FEHLER!

In der mir vorliegenden Textstelle aus dem Roman Der Vorleser verfasst von Bernhard Schlink herausgegeben im Jahre 1995 geht es um die Beziehung zwischen dem 15 jährigen Michael und der 36 jährigen Hanna und dem Vorlesen, welches ein zentrales Thema in Bernhard Schlinks Roman „Der Vorleser" ist. In dieser Szene entsteht nämlich das Ritual.

Kurz vor dieser Stelle (K 9) erreicht Michael die Versetzung ins nächste Schuljahr. Diesen Erfolg hat er nur durch Hanna geschafft, da sie ihn dazu gebracht hat, zu lernen. Er beschreibt sein damaliges Aussehen, welches er als nicht schön empfindet. Zunächst fragt er Hanna nach ihrer Vergangenheit uns erfährt, dass sie in Siebenbügen aufgewachsen war, „mit sieben noch Berlin kam", Arbeiterin bei Siemens geworden" und „mit einundzwanzig zu den Soldaten geraten" ist. Ihren jetzigen Job mag sie nicht, jedoch nur die Uniform. Michael bekommt aber nicht eine Antwort, wenn er etwas genauer wissen möchte. So ist es auch mit der Zukunft, er hat nämlich eine bestimmte Vorstellung von seiner Beziehung, doch Hanna interessiert das Ganze nicht.

Nach der vorliegenden Textstelle möchte Michael am ersten Tag der Osterferien Hanna bei ihrer Frühschicht besuchen, um mit ihr zusammen zu sein, genau deswegen steigt er auch in den zweiten Wagen ein, der leer ist. Doch ignoriert Hanna ihn und geht nicht zu ihm. Später macht ihm Hanna schwere Vorwürfe und möchte bei sich erkennen. Die ganze Situation macht Michael traurig (S.47). So nimmt Michael alle Schuld auf sich (S.49). Die Stelle (S. 41-44) ist ganz passend zwischen den zwei Szenen, da sich Höhen und Tiefen davor und danach ereignen. Dieser Textauszug hat eine wichtige Bedeutung und zwar den Beginn des Vorlesens. Der Auszug ist in vier erzählabschnitte eingeteilt.

Der erste Erzählabschnitt beginnt ..., wie stressig die letzte Zeit für Michael gewesen ist, der Grund dafür die Regelhaftigkeit, die jedes Mal beim beim Treffen ausgeführt wird (S.41). Er kann sich auch noch ganz genau an das Lernen erinnern, damit er das Schuljahr noch schafft. Seine Tage sind voll, wie noch nie, dies „lag am Vorlesen". Hanna zeigt Interesse dafür, was Michael in der Schule lernt. Im zweiten Abschnitt folgt dann der Dialog für ihr Interesse. Als Hanna bittet, dass er ihr es vorlesen soll, will er es nicht. Darauf merkt er, dass sie ihn ignoriert und erpresst und liest ihr das doch noch vor. Nun ist das Ritual das „Vorlesen, duschen, lieben und noch ein bißchen beieinander liegen". Im letzten Abschnitt findet Michael, dass Hanna eine aufmerksame Zuhörerin ist und ist glücklich, wenn sie auf ihm eingeschlafen ist.

Das Ritual des Vorlesens entsteht, indem sich Hanna dafür interessiert, was Michael in der Schule lerne (S. 42 Z. 19-20). Schließlich kann Hanna nicht lesen und würde gerne auch etwas über die Literatur erfahren, Michael erzählt von verschiedenen literarischen Texten, wie Homers Epen, Cicero Reden... (S.42 Z. 21-23) und liest ihr eine Passage von Odysee vor. Hanna möchte desweiteren, dass er ihr etwas vorliest und erpresst ihn, damit er das tut, was sie von ihm verlangt. Zudem schmeichelt sie sich bei ihm ein (S. 43 „Du hast so eine schöne Stimme Jungchen"...).

Sie versucht ihre Schwäche zu vertuschen, indem sie ihn auch ignoriert. So ist Michael dazu gezwungen, etwas vor zu lesen (S. 43 Z.14 -15). Michaels Alltag wird ausgeklammert.

Das Vorlesen hat keine bestimmte Bedeutung für die Liebesbeziehung von Michael und Hanna im weiteren Verlauf des Romans, weil es immer noch Missverständnisse und Streitereien gibt (S. 45-48 und 56 „War alles Missverständnis...").

Nur dass sich Michael durch laute Lesen, alles besser einprägen kann. Er verfügt dadurch ein großes Allgemeinwissen (K.8). Zudem ist die Beziehung zwischen Hanna und Michael keine Liebesbeziehung, sondern mehr eine Eltern-kind-Beziehung. Hanna sieht ihn nämlich als Kind (S.53 „Mein Jungchen") und nicht als Partner.

Im weiteren Verlauf des Romans spielt das Vorlesen eine wichtige Rolle, weil es darum geht, dass Michael nur Hannas Vorleser war und nicht ihr Geliebter (S. 201 „Ich war ihr Vorleser."). Er ist Hannas Vorleser und ihr Nutzobjekt. Bernhard Schlink hat mit Absicht den Titel „Der Vorleser" gewählt, weil Hanna die Analphabetin ist und, sich auch von den Gefangenen etwas vorlesen ließ. Das bedeutet, dass die Uberschrift die einzelnen Teile des Romans miteinander verbindet. Sie ist auch das Band zwischen Michael und Hanna, auch als sie sich nicht mehr sehen, liest er ihr noch vor und nimmt das auf, um es ihr zu schicken. Letztlich lernt sie durch ihn lesen. Deshalb ist der Titel sehr gut gewählt.

3 Markieren Sie jeweils die Stelle, an der eine neue Aufgabe beginnt, und ergänzen Sie die Aufgabennummer.

4 Notieren Sie, ob die Einordnung Ihnen einen verständlichen Einblick in das vorherige bzw. folgende Geschehen gibt.

5 Nummerieren Sie am Rand die Stellen, an denen Sie sowohl sprachlich als auch inhaltlich etwas verändern oder ergänzen würden.
→ Übertragen Sie die Ziffern in Ihr Heft und ergänzen die Änderungsvorschläge.

6 Vergleichen Sie Ihre Aufzeichnungen mit dem im Lösungsteil abgedruckten Erwartungshorizont.
→ Überprüfen Sie anhand des Erwartungshorizonts, ob die Aufgabenstellung in allen Punkten vollständig gelöst worden ist.
→ Markieren Sie Übereinstimmungen mit Ihren Aufzeichnungen rot und Unterschiede grün.
→ Notieren Sie, inwieweit der Erwartungshorizont Ihre etwaigen Unklarheiten beseitigen konnte bzw. welche noch bestehen.

7 Schreiben Sie die Klausur unter Beachtung Ihrer Korrekturzeichen und Ihrer Anmerkungen um.

8 Überarbeiten Sie Ihre letzten Klausuren auf diese Art und Weise.
→ Untersuchen Sie sie dabei auf Fehlerschwerpunkte.
→ Stellen Sie eine Auflistung zusammen, welche Art von Fehler Sie in welcher Häufigkeit begehen.

1.4 Ein Portfolio führen

1 Lesen Sie den Text und klären Sie unbekannte Begriffe.

Der Begriff **Portfolio** bezeichnet eine Mappe, in der jeder Schüler und jede Schülerin eigene Produkte (Hausaufgaben, Aufsätze, Bilder, Arbeiten, Referate ...) sammelt und aufbewahrt. Je nachdem, für welchen Zeck und nach welchen Kriterien gesammelt wird, unterscheidet man besonders zwei Arten von Portfolios:

1. **das Leistungsportfolio**, das dazu dient, bestimmte Produkte und Nachweise (Zeugnisse, Zertifikate ...) zu sammeln und zu ordnen, die das Können und die Fähigkeiten einer Person kennzeichnen. Dieses Portfolio kann als Vorzeigeportfolio, Prüfungsportfolio oder auch als Bewerbungsportfolio verwendet werden.
2. das **Prozessportfolio**, das dabei hilft, die Entwicklung eines Individuums zu beschreiben bzw. darzustellen. Solche Portfolios dienen dazu, Lernerfahrungen und -erfolge systematisch zu erfassen, persönliche Lernstrategien zu planen und das eigene Lernen zu optimieren. So wird zum Beispiel die Entstehung eines Textes oder andere Überarbeitungsvorgänge dokumentiert.

Besonderer Vorzug eines Portfolios ist, dass man sich damit eine systematische Lernstrategie erarbeiten kann. Eine weitere Qualität besteht darin, dass sich jeder die Zeit nehmen kann, die er zum Überarbeiten und zur bestmöglichen Optimierung seines Produkts braucht.

Neben dem Feedback und der Bewertung durch die Lehrkraft zeichnet die Arbeit mit Portfolios die Reflexion der eigenen Person, der Lerninhalte sowie der Lernerfahrungen aus. Darüber hinaus hat es sich besonders bei Prozessportfolios bewährt, einen Mitschüler oder eine Mitschülerin als Lektor/in wie in einer Schreibkonferenz der eigenen Überarbeitung vorzuschalten.

Die Kriterien für die Bewertung von Portfolios sind neben den Inhalten auch das Layout (Titelblatt, Inhaltsverzeichnis...) und die Reflexion der eigenen Arbeit. Mögliche Fragen und Anregungen für die Reflexion, die in Form eines Logbuches nach jeder Arbeitsphase vorgenommen werden sollte, sind unter anderem: *Was erwarte ich von diesem Portfolio? Was war heute die wichtigste Erkenntnis für mich? Habe ich heute viel oder wenig vorangebracht und warum? Bin ich mit meiner Mappe zufrieden? Was könnte ich verbessern? Ich bin heute nicht fertig geworden. Ich muss unbedingt...*

2 Kreuzen Sie an, welche der Aussagen direkt oder indirekt **im Text** stehen.

Aussage: Das Führen eines Portfolios ermöglicht, ...	trifft zu	trifft nicht zu
... den Lernprozess selbstständig zu steuern und diesen hinsichtlich des Lernzuwachses auch selbst zu beurteilen.		
... die Kompetenzbereiche des Deutschunterrichts je nach Wissen und Können individuell zu vertiefen.		
... das Wissen zu einem Thema anhand ausgewählter Fragen zu vertiefen.		
... sich eigenständig mit Texten, der Rechtschreibung und der Grammatik auseinanderzusetzen.		
... unterschiedliche Arbeitstechniken kennenzulernen und einzuüben.		
... den eigenen Lernprozess zu reflektieren und sowohl Lernerfolge als auch Schwierigkeiten wahrzunehmen und einzuschätzen.		
... die eigene Leistung zu beurteilen.		
... im eigenen Lerntempo Bereiche zu erarbeiten und das eigene Zeitmanagement zu optimieren.		
... eigene Schwächen zu erkennen und eigenständig zu verbessern.		
... eigene Lernstrategien systematisch zu erarbeiten.		

3 Formulieren Sie eine Aussage, die Ihre Meinung zum Portfolio im Bezug auf Ihren eigenen Lernerfolg zum Ausdruck bringt.

4 Notieren Sie Fragen, die Sie haben, oder Probleme, die Sie beim Führen eines Portfolios sehen.

5 Wählen Sie aus den Vorschlägen aus, welche Produkte (A) Sie in ein Portfolio aufnehmen würden, und entscheiden Sie, welche Vereinbarungen (B) zum Führen festgelegt werden sollten.
→ Notieren Sie Ihre Wahl jeweils mit eigenen Ideen im Heft.
→ Vergleichen Sie Ihre Ergebnisse mit einem Lernpartner und ergänzen Sie diese bei Bedarf.
→ Besprechen Sie Ihre Ergebnisse mit der Lehrkraft.

A

eine gut überarbeitete Klassenarbeit pro Halbjahr • gelungene Arbeitsblätter • ein Referat von der Ideensammlung bis zum Text • Tests auch aus anderen Fächern • Hausaufgaben • Protokollblätter für nichtschriftliche Aufgaben wie Interviews, Hörspiele, Zeichnungen • ...

B

Art des Ordners • Aufbewahrungsort • Zeitpunkte zum Arbeiten zu Hause und in der Schule • Schutzhüllen für die Blätter • Auswahl der Personen, die Feedback geben dürfen, • Zeitpunkt für die Bewertung • Informationen auf dem Deckblatt • Inhaltsverzeichnis • grundlegendes Layout (Rand, Seitenzahlen ...) • Materialien • ...

6 Verfassen Sie nach der folgenden Anleitung einen sogenannten Coverletter für Ihr Portfolio.

Coverletter

Der Coverletter dient der eigenen Reflexion des Arbeitsprozesses oder als Einleitung für mögliche Leser und Leserinnen mit der Zielsetzung, diese über den Inhalt zu informieren.
Hilfreich für das Schreiben eines Coverletters sind u.a. die folgenden Leitfragen:
Was ist mir an diesem Portfolio besonders wichtig? Worauf sollten meine Leser achten? Wie ist es mir ergangen? Was kann ich schon? Wo habe ich mich verbessert oder will mich noch verbessern? Wie habe ich das gemacht oder wie will ich das machen? Was hat mir besonderen Spaß gemacht?

7 Formulieren Sie zu den folgenden Beurteilungsbereichen des Portfolios klare Kriterien. Die Begriffe im Speicher können helfen.

Inhalt • Textauswahl • Überarbeitung • Prozess • Reflexion • Layout

Vollständigkeit • Struktur • übersichtliche Gestaltung (Titelblatt, Inhaltsverzeichnis, Seitenzahlen, Überschrift zu jeder Aufgabe) • Sorgfalt (Seitenrand, saubere Schrift bei handschriftlich verfassten Seiten, angemessene Schriftgestaltung bei mit dem PC verfassten Seiten) • Abwechslungsreichtum (Textsorten, Produkte, Ausführungen) • Kreativität (besondere Art der Ausgestaltung) • sprachliche Richtigkeit (Rs, Gr, Z) • in sich geschlossener, gedanklich klarer Text • gut begründete Aussagen (Fachbegriffe, keine Umgangssprache, angemessener Ausdruck) • syntaktisch korrekte Formulierungen (variable Satzanfänge, Satzbau, richtige Zeitenfolge, Verb in Endstellung im Nebensatz ...)

8 Legen Sie mithilfe der Kurzanleitung Ihr Portfolio an.

→ Ordnen Sie die Produkte, die Sie im Laufe der Arbeit mit diesem Arbeitsheft erstellen, hier ein.

→ Besorgen Sie sich die folgenden Materialien:

- Mappe oder Ordner (DIN A4)
- Vier farbige Blätter zum Unterteilen der Kompetenzen *Sprechen und Zuhören, Schreiben, Umgang mit Texten und Medien, Reflexion über Sprache*
- Jeweils zwei Trennscheiben oder gestaltete Blätter für Bereiche, die Sie gut können, Bereiche, für die Sie noch üben müssen.

→ Gestalten Sie den Deckel/Umschlag der Mappe so, dass er zum Deutschunterricht passt.

→ **Legen Sie ein „mitwachsendes Inhaltsverzeichnis" an, in das Sie jedes neu hinzukommende Produkt aufnehmen und auf dem Sie verzeichnen, wenn Sie in einer Kompetenz von einem Bereich in den anderen wechseln können.**

→ Füllen Sie nach jeder Arbeitsphase zu jeder Aufgabe einen Logbuchbogen anhand der Vorlage aus.

Name: ______________________________

Klasse/Kurs: ______________________________

Datum: ______________________________

Titel des Einlegeblattes ______________________________

Art der Aufgabe, die bearbeitet wurde:
Wie ich an dieser Aufgabe gearbeitet habe:
Warum ich dieses Produkt ausgewählt habe:
Was meiner Meinung nach daran gelungen/ noch nicht so gut gelungen ist:
Was es von mir und meiner Arbeit zeigt:
Was ich anhand dieser Arbeit gelernt habe:

1.4 Operatoren klären: zuordnen und erläutern

1 Markieren Sie in der folgenden Erklärung alle Wörter, die den Begriff *Operator* erläutern.

Entscheidend für das Verstehen von schriftlichen Aufgaben sind die Operatoren, d.h. die Verben, die angeben, welche Leistung zur Lösung einer Aufgabe erbracht werden soll.

2 Ergänzen Sie zu den aufgelisteten Leistungen der verschiedenen Anforderungsbereiche jeweils den passenden Operator aus dem Speicher.

Operatoren: (be) nennen • entwerfen • zusammenfassen • beurteilen • untersuchen, erschließen • einordnen • vergleichen • erläutern (incl. „erklären") • in Beziehung setzen • deuten • bewerten • begründen • beschreiben • sich auseinander setzen mit • wiedergeben • prüfen, überprüfen • gestalten • (kritisch) Stellung nehmen

Anforderungsbereich markieren

Tätigkeiten	Operator
Aus einem Text Informationen, Aspekte eines Sachverhalts, Fakten entnehmen	
Textaussagen oder Sachverhalte in eigenen Worten strukturiert und fachsprachlich richtig darstellen	
Inhalte, Zusammenhänge in eigenen Worten sachlich und fachsprachlich richtig formulieren	
Inhalte, Aussagen, Zusammenhänge komprimiert und strukturiert fachsprachlich richtig darstellen	
An Texten, Textaussagen, Problemstellungen, Sachverhalten kriterienorientiert bzw. aspektgeleitet arbeiten	
Einen Inhalt, eine Aussage, eine Problemstellung, einen Sachverhalt in einen vorgegebenen oder selbst gewählten Kontext einbeziehen	
Texte, Textaussagen, Problemstellungen, Sachverhalte unter vorgegebenen oder selbst gewählten Aspekten auf der Grundlage von Kriterien gegenüberstellen, in Beziehung setzen und analysieren, um Gemeinsamkeiten, Unterschiede, Teil-Identitäten, Ähnlichkeiten, Abweichungen oder Gegensätze ermitteln zu können	
Textaussagen, Sachverhalte auf der Basis von Kenntnissen und Einsichten differenziert darstellen und durch zusätzliche Informationen und Beispiele veranschaulichen	
Analyseergebnisse, Textaussagen, Sachverhalte, Problemstellungen mit vorgegebenen oder selbstgewählten Aspekten in Verbindung bringen	

Anforderungsbereich markieren

Tätigkeiten	Operator
Unter Berücksichtigung des Wechselbezuges von Textstrukturen, Funktionen und Intentionen, der erfassten zentralen strukturbildenden genretypischen, syntaktischen, semantischen und stilistisch-rhetorischen Elemente und ihrer Funktion für das Textganze Ergebnisse der Textbeschreibung in einen Erklärungszusammenhang bringen	
Hinsichtlich eines Textes, einer Textaussage, der ästhetischen Qualität eines Textes, eines Sachverhalts, einer Problemlösung, einer Problematik ohne subjektiven Wertebezug mit Bezug auf Fachwissen und -erkenntnis zu einem selbstständigen, begründeten Sachurteil gelangen	
Wie Operator „beurteilen", verbunden mit der Offenlegung begründeter eigener Wertmaßstäbe, die sich aus ausgewiesenen Normen und Werten ableiten	
Die Einschätzung einer Problemstellung, Problemlösung, eines Sachverhaltes, einer Wertung auf der Grundlage fachlicher Kenntnis und Einsicht nach kritischer Prüfung und sorgfältiger Abwägung formulieren	
Ein Analyseergebnis, Urteil, eine Einschätzung, eine Wertung fachlich und sachlich absichern (durch einen entsprechenden Beleg, Beispiele, eine Argumentation)	
Zu einer (fachlichen) Problemstellung oder These eine Argumentation entwickeln, die zu einem begründeten und nachvollziehbaren Ergebnis führt	
Eine Textaussage, These, Argumentation, Analyseergebnis, einen Sachverhalt auf der Grundlage eigener Kenntnisse, Einsichten oder Textkenntnis auf ihre/seine Angemessenheit hin untersuchen und zu Ergebnissen kommen	
In Verbindung mit einer Textvorlage auf der Grundlage einer konkreten Arbeitsanweisung einen eigenen Text unter Benennung der notwendigen Entscheidungen und Arbeitsschritte planen	
In Verbindung mit einer Textvorlage, auf der Grundlage einer konkreten Arbeitsanweisung einen eigenen Text nach ausgewiesenen Kriterien erarbeiten	

3 Markieren Sie am Rand der Tabelle jeweils in der angegebenen Farbe Operatoren, die

- Leistungen im Anforderungsbereich I (Reproduktion ☞ S. 7) verlangen: rot
- Leistungen im Anforderungsbereich II (Reorganisation ☞ S. 7) verlangen: gelb
- Leistungen im Anforderungsbereich III (Transfer, Problemlösung ☞ S. 7) verlangen: grün.

4 Überprüfen Sie Ihre Lösungen mithilfe des Lösungsteils und korrigieren Sie sie gegebenenfalls. (☞ Lösungsheft S. 5f.)

5 Skizzieren Sie stichpunktartig, welche einzelnen Leistungen Sie für die folgenden übergeordneten Operatoren erbringen müssen.

- **Analysieren (interpretieren)** eines literarischen Textes oder eines Sachtextes
- **Erörtern**

Bei der schriftlichen Analyse einer **Dramenszene** kommt es darauf an, sich deren **Art** (**Komödie** oder **Tragödie** o Ä.) und Form (**offen** oder **geschlossen** o. Ä.) bewusst zu machen, seinen **Handlungsverlauf** nachzuvollziehen sowie die Beteiligung der **Figuren** am Handlungsverlauf und den Gegenstand ihrer **Dialoge** (gegebenenfalls auch Monologe) genau zu erfassen und zu deuten.

1 Vorüberlegungen zu Art und Form des Dramas anstellen

→ **Lesen** Sie die vorgegebene **Szene** und **halten** Sie kurz Ihr vorläufiges **Textverständnis fest.**
→ **Notieren** Sie, um welche **Art** von Drama es sich handelt (Komödie, Tragödie ...)?
→ **Bestimmen** Sie anhand Ihrer Kenntnisse, ob es sich um ein **klassisches Drama** in geschlossener Form oder um ein **offenes Drama** handelt, und **belegen** Sie **Ihre Bestimmung mit Stichpunkten** aus dem Dramentext.

2 Fragen an den Text stellen

→ **Erschließen** Sie sich mithilfe der Fragen **die wesentlichen Aspekte** der Dramenszene und **notieren** Sie **Stichpunkte. Ergänzen** Sie auch **Textstellen**, die Ihre Ergebnisse belegen.

ERSCHLIESSUNGSASPEKTE

Aspekt 1 – Handlung

- Stellung der Szene im Handlungsverlauf: Wo steht die Szene innerhalb des gesamten Textes? Was ist ihr unmittelbar vorausgegangen, was folgt? Stellt die Szene einen Wendepunkt in der Handlung dar?
- Handlungsverlauf: Wovon handelt die Szene? Was ist das Thema? Wie ist die Szene aufgebaut (Handlungsschritte, Störungen im Verlauf, Höhe- oder Wendepunkte etc.)? Wie lässt sich die Handlung der Szene in einer Spannungskurve darstellen?
- Art der Handlung: Ist die Handlung eher konfliktträchtig oder harmoniebestimmt? Wo spielt die Handlung (privater Bereich oder öffentlicher Bereich)? Wer ist aktiv oder läuft die Handlung eher passiv/automatisch ohne Zutun der Figuren ab?

Aspekt 2 – Figuren und ihr Verhältnis (ihre Konstellation) zueinander

- Was kann man über Herkunft, Stand und Vorgeschichte der Personen sagen?
- Welche Gefühle, Gedanken, Einstellungen oder Eigenschaften werden deutlich?
- Welche offensichtlichen oder verborgenen Handlungsmotive und Ziele werden sichtbar?
- Welche typischen Gesten, Verhaltensweisen oder Tätigkeiten zeigen die Figuren und was drücken diese aus?
- Wie kann man die Beziehungen zu den anderen Personen beschreiben?
- Welche sprachlichen und nicht sprachlichen Besonderheiten fallen auf oder charakterisieren die Personen?

so geht's

ERSCHLIESSUNGSASPEKTE

Aspekt 3 – Gesprächs- oder Dialogführung
- Worum geht es in dem Gespräch / im Dialog?
- Welche Positionen werden vertreten?
- Welchen Verlauf nimmt das Gespräch / der Dialog?
- Gibt es Zuspitzungen?
- Ist das Gespräch / der Dialog eher symmetrisch (gleiche Gesprächsanteile) oder komplementär (Unterschiede in Bezug auf Stellung und Redeanteile; einer ist dominant, der andere untergeordnet)?

Aspekt 4 – Bedeutung der Szene für die Intention des gesamten Dramas
- In welcher Weise wird das Thema des Dramas entfaltet oder sichtbar?
- Welche Bedeutung haben die Regieanweisungen?
- Welche Bedeutung hat die Szene für die Ausgestaltung der Hauptfigur?
- Gelangt die Figur in dieser Szene in eine wichtige Entscheidungssituation?
- Welche Wirkung hat die Szene auf den gesamten Verlauf des Dramas gesehen (Formmerkmale, Wirkung auf den Zuschauer ...)?

3 Einen zusammenhängenden Text zur Deutung schreiben

→ **Verfassen** Sie eine **Einleitung** mit folgenden Informationen:
- **Wichtige Daten zum Drama** (Autor, Titel, Entstehungsjahr / Jahr der Uraufführung, geschichtlicher Hintergrund, Epochenzugehörigkeit)
- **Szene/Szenenausschnitt** (Einbettung in den Gesamtzusammenhang: **Kontextuierung** der Szene),
- **Anlass und Thema des Dialogs**/der Dialoge, der Dialogpartner/Figuren

→ **Formulieren** Sie als Ausgangspunkt und roten Faden der Analyse eine **Deutungshypothese** zu der Szene. Diese kann sich zum Beispiel auf die zentralen Charakterzüge und Konflikte der Szene beziehen.

→ **Verfassen** Sie eine **Inhaltsangabe** der Szene. So können Sie die späteren Deutungsergebnisse anschaulich an den Szeneninhalt anbinden.

→ **Stellen** Sie im **Hauptteil** die Ergebnisse Ihrer durch **die Fragen** ermittelten **Analyse dar** und **belegen** Sie sie **mit** passenden **Textstellen. Entscheiden** Sie, ob Sie hierbei den Dialog abschnittsweise deuten (**lineares Vorgehen**) oder bestimmte Deutungsaspekte (**aspektorientiertes Vorgehen**) untersuchen und beschreiben.

→ **Fassen** Sie im **Schlussteil** die **Ergebnisse** noch einmal **zusammen. Überprüfen** Sie dabei auch **Ihre Deutungshypothese** und **formulieren** Sie eine kurze wertende **Stellungnahme**, bei der Sie auch die Bedeutung der Szene für die gesamte Handlung und das Thema des Dramas miteinbeziehen.

TIPPS UND QUERVERWEISE

Inhaltsangabe, Dramatik, Stilmittel (☞ S. 32), Satzbau (☞ S. 32, 86ff.), Zitieren, Konjunktiv (☞ S. 70ff.), epische Texte (☞ S. 40ff.)

ACHTUNG: FEHLERQUELLEN!

Beobachtungen zur Sprechweise der Dialogpartner werden nicht als eigener Gliederungspunkt, sondern im Zusammenhang abgehandelt. Vermutungen sollten mit „eventuell“, „möglicherweise“ usw. gekennzeichnet werden. Es muss auch beachtet werden, dass von der Aspekt geleiteten Analyse nicht zur linearen Analyse gewechselt werden kann.

2.1 Merkmale des Dramas wiederholen

1 Ordnen Sie jeder Dramenart die richtige Erklärung zu.

A) Tragödie ______ **B)** Komödie ______ **C)** Tragikomödie ______

a) Die Wirkung ist heiter und durch einen glücklichen Ausgang für die handelnden Figuren bestimmt.
b) Es wirken widersprüchliche Elemente zusammen: Einerseits wird die Tragik durch komische Passagen abgemildert und andererseits die Komik durch tragische Anteile verzerrt.
c) Im Mittelpunkt steht ein Konflikt, für den die Hauptfigur (der Protagonist) keine Lösung sieht und der in eine Katastrophe mündet.

2 Schreiben Sie jeweils eine Definition der für die Dramenanalyse wichtigen Fachbegriffe in Ihr Heft.

Szene • Monolog • Exposition • Katastrophe • Akt

3 Lesen Sie die Informationen über das epische Theater.
→ Kreuzen Sie anschließend die beliebig ausgewählten Textstellen, die zu dieser Dramenform passen, an und begründen Sie Ihre Entscheidung kurz.

Das **epische Theater** ist eine von Bertolt Brecht in den Zwanzigerjahren des 20. Jahrhunderts entwickelte Form des modernen Theaters. Dieses Theater will den Zuschauer **zur kritischen Beurteilung** des dargestellten Geschehens erziehen. Es soll keine Identifikation mit dem/den Helden erfolgen. Daher vermeidet es alle Illusion des traditionellen Theaters durch bewusste **Verfremdung (V-Effekt)**: z. B. durch Kommentare auf Texttafeln, Songs, die nur lose mit der Handlung verknüpft sind, Heraustreten eines Schauspielers aus seiner Rolle oder umgangssprachliche Ausdrucksweisen.
Das Drama besteht meist aus einer **Reihung von Bildern**, anstatt dem klassischen fünfaktigen Spannungsbogen zu folgen. Deshalb wird es auch als **offene Form** im Gegensatz zur geschlossenen Form des Dramas (Einheit von Ort, Zeit und Handlung) bezeichnet.

☐ Die Mutter: „Hör auf zu lügen. Ich will nichts mehr hören."

______

☐ Der Erzähler: „Hört, hört! Der König will nicht mehr regieren."

______

☐ Der Hofnarr: „Mein König, wie soll ich euch helfen?"

______

☐ Beobachter: „Wer hat unrecht? Wer soll beurteilen, was war, was ist und was sein wird? Keiner von euch Zuschauenden kann sich der Verantwortung entziehen."

☐ Frau am Brunnen: „Dort drüben, da steht die Täterin. Sie ist es, von der alle reden."

☐ Das Mädchen: „Vater, ich kann nicht den zum Manne nehmen, den du mir zeigtest."

4 Ordnen Sie die Fragen, die Sie an das klassische Drama oder das epische Theater stellen müssen, bzw. die Begriffe in die Tabelle ein. Ergänzen Sie zu jedem Begriff, wenn möglich, eine gegenüberstehende Entsprechung.

Umgangssprache • retardierendes Moment • Exposition • Was passiert am Ende? • gebundene Sprache • offene Form • chronologische Abfolge der Handlung • kritische Distanz • Identifikation mit dem Helden • Wie kommt es zu dem Geschehen? • Figur des Erzählers • Fünf-Akt-Schema

Klassisches Drama	Episches Theater
1.	
2.	
3.	
4.	
5.	
6.	
7.	
8.	

2.2 Eine Dramenszene beschreiben und deuten

1 Lesen Sie den folgenden Text und kreuzen Sie anschließend die jeweils zum Textinhalt passende Aussage an.

Informationen zu Friedrich Dürrenmatt und „Die Physiker"

Friedrich Dürrenmatt wurde am 5. Januar 1921 in Konolfingen, einem Dorf im Kanton Bern, geboren und starb am 14. Dezember 1990 in Neuchâtel.

Nach dem Abitur studierte er Literatur, Philosophie und Naturwissenschaften in Bern und Zürich (1941–1946). Zunächst war Friedrich Dürrenmatt unschlüssig, ob er Maler oder Schriftsteller werden sollte, versuchte es mit dem Schreiben und finanzierte seinen Lebensunterhalt in den ersten Jahren als Theaterkritiker und durch Auftragsarbeiten, zwischendurch auch als Zeichner und Grafiker. 1950 entstand der Kriminalroman „Der Richter und sein Henker". Weltweiten Erfolg erzielte er mit seiner Komödie „Der Besuch der alten Dame". „Die Physiker", er bezeichnete dieses Werk ebenfalls als Komödie, wurde sein erfolgreichstes Theaterstück. Bereits die Uraufführung 1962 war ein Erfolg. In der folgenden Saison avancierte es zum meistgespielten Theaterstück im deutschen Sprachraum und gehört heute zu den größten deutschsprachigen Theatererfolgen nach dem Zweiten Weltkrieg.

Für sein Schaffen erhielt Dürrenmatt viele Auszeichnungen, so 1948 den Welti-Preis (für „Es steht geschrieben"), 1959 den Schillerpreis der Stadt Mannheim, 1960 den Großen Schillerpreis und 1977 die Buber-Rosenzweig-Medaille. 1969 wurde ihm die Ehrendoktorwürde der Temple University in Philadelphia verliehen. Er erhielt weitere Ehrendoktortitel in Jerusalem und Nizza. In den 1960ern ereichte Dürrenmatt mit seinen Theaterwerken den Höhepunkt seines Erfolges. Mit Max Frisch gehört er zu den wichtigsten Schweizer Schriftstellern der Nachkriegszeit.

„Die Physiker" ist eine Komödie in zwei Akten, die keine weiteren szenischen Einteilungen aufweisen. Entsprechend den Personen, die sich auf der Bühne befinden oder diese betreten, können sie jedoch jeweils in fünf Auftritte gegliedert werden.

Im Mittelpunkt der Handlung stehen drei Physiker, die sich als Geisteskranke ausgeben. Der erste von ihnen behauptet, Albert Einstein zu sein, der zweite hält sich für Isaac Newton, und der dritte, Johann Wilhelm Möbius, hat die sogenannte Weltformel entdeckt, die in den falschen Händen zur Vernichtung der gesamten Menschheit führen könnte. Er will sich mit seiner Behauptung, ihm erscheine König Salomo, unglaubwürdig machen und so dem Missbrauch seiner revolutionären Entdeckung vorbeugen. Newton und Einstein hingegen sind in Wahrheit Agenten rivalisierender Geheimdienste und haben sich nur ins Irrenhaus einweisen lassen, um an Möbius' Erkenntnisse zu gelangen und diese für ihre Zwecke zu missbrauchen.

Die drei Physiker ermorden ihre Krankenschwestern, zu denen sie Beziehungen haben, weil sie um ihre Geheimnisse fürchten. Als die Polizei zu den Ermittlungen der Todesfälle eintrifft, vernichtet Möbius seine Formel. Es gelingt ihm, auch seine beiden Kollegen davon zu überzeugen, ihr gefährliches Wissen zu verschweigen, und damit die Welt vor dem Untergang zu bewahren. Doch der Pakt der Physiker kommt zu spät. Mathilde von Zahnd, die missgestaltete Besitzerin und Chefärztin des Irrenhauses, hat bereits Möbius' sämtliche Aufzeichnungen kopiert. Als die einzig wirklich Verrückte glaubt sie tatsächlich, im Auftrag König Salomos zu handeln, und will mit der Formel die Weltherrschaft erringen. Die Physiker aber, durch die von ihr initiierten Morde öffentlich als Verrückte gebrandmarkt, bleiben im Irrenhaus eingesperrt und haben keine Möglichkeit mehr, Zahnds Pläne zu verhindern.

Die Entdeckung Möbius', die die Gefahr der Vernichtung der Welt in sich birgt, führt zur Grundfrage, die im Stück thematisiert wird, nämlich der nach der Verantwortung der Wissenschaft. Dürrenmatt verknüpft diese Thematik mit seiner Dramentheorie, nach der, ausgelöst durch den Zufall, jedes Stück die denkbar schlimmste

Wendung nehmen müsse. Seine Komödie wird daher oft auch als Tragikomödie oder Groteske eingeordnet.

Ähnlich wie Bertolt Brecht, dessen Theorien zum epischen Theater er studierte, wollte er beim Zuschauer Distanz zum Geschehen auf der Bühne erzeugen. Der Zuschauer soll nicht die Rolle eines passiven Konsumenten einnehmen, sondern zum eigenständigen Nachdenken angeregt werden. Dürrenmatt bevorzugte das Stilmittel der Verfremdung, so wird allgemein Anerkanntes hinterfragt und die Widersprüchlichkeit gesellschaftlicher Strukturen offenbart. Charakteristisch ist auch die Verbindung von scheinbar Unvereinbarem, man spricht von tragisch-grotesken Elementen. Im Gegensatz zu Brecht folgte Dürrenmatt aber keiner Weltanschauung (bei Brecht: Marxismus).

☐ Friedrich Dürrenmatt war einer der bekanntesten Schweizer Schriftsteller.
☐ Friedrich Dürrenmatt war ein Dramendichter aus der Schweiz.
☐ Friedrich Dürrenmatt war ein deutscher Dramendichter.

☐ „Die Physiker“ thematisiert die Grundfrage nach der Verantwortung der Wissenschaft.
☐ „Die Physiker“ thematisiert die Grundfrage nach dem Fortschritt der Wissenschaft.
☐ „Die Physiker“ thematisiert unter anderem das Thema Wissenschaft.

☐ „Die Physiker“ ist eine Komödie in zwei Akten mit jeweils fünf Bildern.
☐ „Die Physiker“ ist eine Komödie in zwei Akten ohne weitere szenische Zäsuren.
☐ „Die Physiker“ ist ein Drama in zwei Akten ohne weitere szenische Zäsuren.

☐ Im Mittelpunkt der Handlung stehen drei geisteskranke Physiker.
☐ Drei Physiker, die sich als geisteskrank ausgeben, stehen im Mittelpunkt der Handlung.
☐ Im Mittelpunkt stehen die Tötungsdelikte dreier Psychopaten, die glauben, sie seien Physiker.

☐ Möbius hat seine Weltformel von König Salomo.
☐ Möbius behauptet zum Schutz, ihm erscheine König Salomo.
☐ Die Behauptung, dass ihm König Salomo erscheine, ist eine Lüge Mathilde von Zahnds.

☐ Newton und Einstein gelten als Agenten rivalisierender Geheimdienste.
☐ Newton und Einstein behaupten, sie seien Agenten von Geheimdiensten.
☐ Um an Möbius' Erkenntnisse zu gelangen, haben sich Newton und Einstein ins Irrenhaus einweisen lassen.

☐ Die Physiker ermorden die Krankenschwestern, weil sie um ihre Geheimnisse fürchten.
☐ Die Physiker ermorden ihre Krankenschwestern, weil sie diese nicht heiraten wollen.
☐ Die Physiker ermorden ihre Krankenschwestern, weil sie verrückt sind.

→

- ☐ Die Physiker schließen einen Pakt, um die Welt vor dem Untergang zu bewahren.
- ☐ Um nicht bestraft zu werden, schließen die Physiker einen Pakt.
- ☐ Die Physiker schließen einen Pakt, um die Polizei zu überlisten.

- ☐ Mathilde von Zahnd will mit der Formel die Weltherrschaft und Macht erringen.
- ☐ Mathilde von Zahnd glaubt im Auftrag König Salomos mit der Formel die Weltherrschaft zu erringen.
- ☐ Mathilde von Zahnd hat im Auftrag König Salomos die Formel kopiert.

- ☐ Die Physiker bleiben durch die von Frau Zahnd initiierten Morde im Irrenhaus eingesperrt.
- ☐ Die Physiker sind durch die Morde öffentlich als Verrückte gebrandmarkt und bleiben im Irrenhaus eingesperrt.
- ☐ Die Physiker haben keine Möglichkeit, Zahnds Pläne zu verhindern, weil sie durch die von ihr initiierten Morde öffentlich als Verrückte gebrandmarkt sind und müssen im Irrenhaus bleiben.

- ☐ Dürrenmatt will wie Bertolt Brecht beim Zuschauer Distanz zum Geschehen auf der Bühne erzeugen.
- ☐ Dürrenmatt folgt wie Brecht bei seinen Dramen einer Weltanschauung,
- ☐ Dürrenmatts Dramentheorie besagt, dass ausgelöst durch den Zufall in jedem Stück jede Wendung möglich ist.

2 Im ersten Akt (5. Auftritt / S. 49–51) findet ein entscheidendes Gespräch zwischen Möbius und Schwester Monika statt. Lesen Sie den Auszug.

Dem Gespräch vorausgegangen sind zwei Morde. Ernst Heinrich Ernesti, auch als Einstein bekannt, hat in der Anstalt die Schwester Irene Straub mutwillig erdrosselt. Richard Voß der leitende Kriminalinspektor, untersucht den für ihn längst bekannten Tatort. Wochen zuvor hatte bereits ein anderer Mord in der Anstalt stattgefunden, in der die Krankenschwester Dorothea Moser erdrosselt aufgefunden wurde. Der Mörder war in diesem Fall der Physiker Herbert Georg Beutler, genannt Newton. Beide Tötungsdelikte wurden aufgrund von Unzurechnungsfähigkeit der Mörder nicht bestraft.
Nur Johann Wilhelm Möbius blieb bisher straffrei und unauffällig. So kommt es dazu, dass seine längst geschiedene Frau mit mittlerweile drei Kindern ihren Mann verabschieden will, weil sie mit ihrem neuen Gatten auf die Marianen zieht. Möbius spielt vor seiner Exfrau, seinen Kindern und ihrem neuen Mann den Geisteskranken, um einen Schlussstrich unter diese Beziehung zu setzen. Später, nachdem die Familie die Anstalt verlassen hat, und Einstein von der vergeblichen Aufopferung der Frauen den Männern gegenüber philosophiert hat, beichtet Schwester Monika Möbius ihre Liebe.

Erster Akt / 5. Auftritt

Schwester Monika Der arme irre Mensch.

Möbius Er sollte Sie endlich von der Unmöglichkeit überzeugt haben, mich zu lieben.

Schwester Monika Sie sind nicht verrückt.

Möbius Es wäre vernünftiger, Sie hielten mich dafür. Fliehen Sie! Machen Sie sich aus dem Staub! Hauen Sie ab! Sonst muß ich Sie wie einen Hund behandeln.

Schwester Monika Behandeln Sie mich lieber wie eine Geliebte.

Möbius Kommen Sie, Monika. *Er führt sie zu einem Sessel, setzt sich ihr gegenüber, ergreift ihre Hände.* Hören Sie zu. Ich habe einen schweren Fehler begangen. Ich habe mein Geheimnis verraten, ich habe Salomos Erscheinung nicht verschwiegen. Dafür läßt er mich büßen. Lebenslänglich. In Ordnung. Aber Sie sollen nicht auch noch dafür bestraft werden. In den Augen der Welt lieben Sie einen Geisteskranken. Sie laden nur Unglück auf sich. Verlassen Sie die Anstalt, vergessen Sie mich. So ist es am besten für uns beide.

Schwester Monika Begehren Sie mich?

Möbius Warum reden Sie so mit mir?

Schwester Monika Ich will mit Ihnen schlafen, ich will Kinder von Ihnen haben. Ich weiß, ich rede schamlos. Aber warum schauen Sie mich nicht an? Gefalle ich Ihnen denn nicht? Ich gebe zu, meine Schwesterntracht ist gräßlich. *Sie reißt sich die Haube vom Haar.* Ich hasse meinen Beruf! Fünf Jahre habe ich nun die Kranken gepflegt, im Namen der Nächstenliebe. Ich habe mein Gesicht nie abgewendet, ich war für alle da, ich habe mich aufgeopfert. Aber nun will ich mich für jemanden allein aufopfern, für jemanden allein da sein, nicht immer für andere. Ich will für meinen Geliebten dasein. Für Sie. Ich will alles tun, was Sie von mir verlangen, für Sie arbeiten Tag und Nacht, nur fortschikken dürfen Sie mich nicht! Ich habe doch auch niemanden mehr auf der Welt als Sie! Ich bin doch auch allein!

Möbius Ich muß Sie fortschicken.

Schwester Monika *verzweifelt* Liebst du mich denn gar nicht?

Möbius Ich liebe dich, Monika. Mein Gott, ich liebe dich, das ist ja das Wahnsinnige.

Schwester Monika Warum verrätst du mich denn? Und nicht nur mich. Du behauptest, der König Salomo erscheine dir. Warum verrätst du auch ihn?

Möbius *ungeheuer erregt, packt sie* Monika! Du darfst alles von mir glauben, mich für einen Schwächling halten. Dein Recht. Ich bin unwürdig deiner Liebe. Aber Salomo bin ich treu geblieben. Er ist in mein Dasein eingebrochen, auf einmal, ungerufen, er hat mich missbraucht, mein Leben zerstört, aber ich habe ihn nicht verraten.

Schwester Monika Bist du sicher?

Möbius Du zweifelst?

Schwester Monika Du glaubst, dafür büßen zu müssen, weil du sein Erscheinen nicht verschwiegen hast. Aber vielleicht büßt du dafür, weil du dich für seine Offenbarung nicht einsetzt.

Möbius *läßt sie fahren*[1] Ich – verstehe dich nicht.

Schwester Monika Er diktiert dir das System aller möglichen Erfindungen. Kämpfst du für seine Anerkennung?

Möbius Man hält mich doch für verrückt.

1 *läßt sie fahren:* Möbius lässt sie los

Schwester Monika Warum bist du so mutlos?

Möbius Mut ist in meinem Falle ein Verbrechen.

Schwester Monika Johann Wilhelm. Ich sprach mit Fräulein Doktor von Zahnd.

Möbius *starrt sie an* Du sprachst?

Schwester Monika Du bist frei.

Möbius Frei?

Schwester Monika Wir dürfen heiraten.

Möbius Mein Gott.

Schwester Monika Fräulein Doktor von Zahnd hat schon alles geregelt. Sie hält dich zwar für krank, aber für ungefährlich. Und für erblich nicht belastet. Sie selbst sei verrückter als du, erklärte sie und lachte.

Möbius Das ist lieb von ihr.

Schwester Monika Ist sie nicht ein prächtiger Mensch?

Möbius Sicher.

Schwester Monika Johann Wilhelm! Ich habe den Posten einer Gemeindeschwester in Blumenstein angenommen. Ich habe gespart. Wir brauchen uns nicht zu sorgen. Wir brauchen uns nur liebzuhaben.

Möbius hat sich erhoben. Im Zimmer wird es allmählich dunkel.

3 Notieren Sie kurz, worum es in dem Gespräch zwischen Möbius und Monika geht.

4 Kreuzen Sie an, welche der Skizzen die Beziehung der Gesprächspartner gegen Ende des Dialogs Ihrer Meinung nach am besten zeigt.

- ☐ Möbius → ← Monika
- ☐ Monika ↑ Möbius
- ☐ Möbius ↓ Monika
- ☐ Möbius ← → Monika

5 Begründen Sie Ihre Entscheidung und fügen Sie einen passenden Textbeleg an, der Ihre Entscheidung stützt. Achten Sie bei Ihrer Formulierung auf eine korrekte Zitierweise.
Beispiel: *An den Äußerungen Möbius „passendes Zitat…" (Z. XX) wird deutlich …*

6 Wählen Sie die Aussage aus, die Ihrer Meinung nach auf „Die Physiker" am besten zutrifft und begründen Sie in Stichpunkten Ihre Wahl.

☐ Der Autor versucht am Schicksal des Physikers Möbius aufzuzeigen, dass der wissenschaftlich-technische Fortschritt in falsche Hände geraten und so für alle Menschen fatale Folgen haben kann und dass ein einzelner Mensch nicht die Macht hat, ein Problem zu lösen, das alle angeht.

☐ Dürrenmatt bringt ein Thema zur Sprache, das ewig aktuell ist, nämlich die Verantwortung des Wissenschaftlers für seine Entdeckungen. Der Autor drückt so Zeit-, Gesellschafts- und vor allem politische Kritik aus.

☐ Der Autor zeigt, dass die Intelligenz Möbius' sein Leben zerstört hat, weil er nur für die Wissenschaft gelebt hat.

7 Verfassen Sie mithilfe der oben stehenden Informationen, der Seite „So geht's" (S. 20/21) und Ihren bisherigen Notizen eine Analyse des abgedruckten Dialogs aus dem ersten Akt (S. 49–51) unter Berücksichtigung der folgenden Aufgabenstellung:
→ Untersuchen Sie das Gespräch zwischen Möbius und Schwester Monika im Hinblick auf deren Handlungsmotive und Verhaltensweisen und ordnen Sie es in den Kontext der Komödie ein.
→ Beurteilen Sie unter Beachtung der Regieanweisung „Im Zimmer wird es allmählich dunkel" (Z. 65), welche Wirkung dieser Auftritt auf den Leser/Zuschauer hat und welche Erwartungen daraus für den zweiten Akt erwachsen.

so geht's

Ein **Gedicht** kann man im Hinblick auf seinen **formalen** und **inhaltlichen Aufbau** sowie die **sprachliche Gestaltung untersuchen** und unter Einbeziehung u. a. **des Entstehungshintergrunds deuten**.

1 Das Gedicht gründlich lesen und den Inhalt erfassen

→ **Lesen** Sie das Gedicht zunächst **mehrmals** und **markieren** Sie **Wesentliches**.
→ **Notieren** Sie **Stichpunkte** und **Fragen** zum **Was?** (Titel, Thema, Motiv, Handlung, Situation des lyrischen Ich), zum **Wie?** (Strophen, Verse, Reime, besondere Stilmittel) und zum **Warum?** (Entstehungszeit, Lebensgeschichte des Autors / der Autorin ...). (☞ 2.1)

2 Fragen an den Text stellen

→ **Formulieren** Sie eine **Aussage** oder Lehre, die der **Kerngedanke** des Gedichts sein könnte. Beziehen Sie auch die Überschrift in Ihre Überlegungen ein.
→ **Ermitteln** Sie den **Erzähler**: Handelt es sich um ein Lyrisches Ich? Notieren Sie passende Textstellen mit Versangabe (entspricht der Zeilenangabe).
→ **Stellen** Sie **tabellarisch** anhand von **Textstellen dar**, wie **Form** und **Inhalt** bei der Gestaltung der Aussage des Textes **zusammenwirken** (z. B. Metrum und Gefühle oder Metaphern und Stimmungen). (☞ 2.1)

3 Schreiben der Analyse

→ **Fassen Sie den Inhalt** des Gedichts **zusammen.** Denken Sie an die **einleitenden Informationen** (Textsorte/Gedichtart, Titel, Autor/in, Erscheinungsjahr, Thema).
→ **Formulieren** Sie eine **Aussage**, die der **Kerngedanke** des Gedichts sein könnte (**Interpretations-/Deutungshypothese**).
→ **Beschreiben** Sie im Hauptteil die **äußere Form** des Gedichts (Strophen, Verse, Reim, Metrum ...).
→ **Zeigen** Sie die verwendeten **sprachlichen Mittel** (Metaphern, Vergleiche, Personifikationen ...) **auf** und **setzen** Sie diese **in Bezug zum Inhalt** und **zur** damit erzielten **Wirkung**. Belegen Sie auch mithilfe passender Textstellen, ob es ein lyrisches Ich gibt.
→ **Erläutern** Sie, **wie das Gedicht** auf den Leser / den Zuhörer **wirkt. Verknüpfen** Sie Ihre Erläuterung unter Rückbezug auf Ihr in der Einleitung formuliertes Thema **mit Hinweisen zur Aussageabsicht**. Belegen Sie mit passenden Textstellen.
→ **Überprüfen** Sie im Schlussteil Ihre **Interpretationshypothese**. **Geben** Sie Ihre **eigene** Meinung oder Ihre Beziehung **zum Gedicht** und seinem **Inhalt wieder**. **Ordnen** Sie es, falls verlangt, **literaturgeschichtlich ein**.

TIPPS UND QUERVERWEISE

Stilmittel (☞ S. 32), Erörterung (☞ S. 62ff.), Korrekturzeichen (☞ S. 12)

ACHTUNG: FEHLERQUELLEN!

Beobachtungen über Form, Sprache und Inhalt sollten mit passenden Verknüpfungswörtern *(so entsteht die Wirkung, dass ... / das sieht man daran, dass ... / dieses Metrum trägt durch seinen Rhythmus zu ... bei ...)* verbunden werden, sonst entsteht eine ungenaue Analyse. Wichtig ist es auch, die Fachbegriffe für die Stilmittel richtig anzuwenden, im Zweifelsfall lieber einmal mehr nachschlagen. Textbelege sind unverzichtbar bei einer Analyse.

3.1 Merkmale lyrischer Texte wiederholen

1 Ergänzen Sie, ohne nachzuschlagen, die Definition der Fachbegriffe.

Metrum ______________________

____

Versfuß ______________________

____

Daktylus ______________________

____

Jambus ______________________

____

2 Bestimmen Sie das Reimschema der folgenden Verse mit dem richtigen Fachterminus.

Es war einmal ein Lattenzaun,
mit Zwischenraum, hindurchzuschauen.
Christian Morgenstern

____

Ein junges Mädchen kam nach Baden,
Brigitte B. war sie genannt,
Fand Stellung dort in einem Laden,
Wo sie gut angeschrieben stand.
Frank Wedekind

____

Vom Efeu können wir viel lernen:
er ist sehr grün und läuft spitz aus.
Er rankt rasch, und er ist vom Haus,
an dem er wächst, schwer zu entfernen.
Robert Gernhardt

____

Die Jahre wissen keinen Halt,
Sie achten keiner Zügel,
Der Mensch wird unversehens alt,
Als hätt er schnelle Flügel.
Was schon der Tod hat hingebracht,
Wird nimmer wieder kommen;
Wird denn in jener langen Nacht
Dein Traurigsein dir frommen?
Simon Dach

____

3 Kennzeichnen Sie jeweils die Hebungen und Senkungen und bestimmen Sie das Metrum.

- Dein Herz gleicht ganz dem Meere → Jambus
- Immer wenn es regnet ________
- Seltsam im Nebel zu wandern ________
- Schenke groß oder klein ________

WISSEN

Formmerkmale

Wort- und Satzgestaltung

(auffallend) **hypotaktisch:** stark verschachtelte Satzkonstruktionen
(auffallend) **parataktisch:** nur Hauptsätze werden gereiht
Ellipse: Auslassung von leicht ergänzbaren Wörtern/Satzteilen *(Was nun? → Was sollen wir nun tun?)*
Inversion: Umkehrung der geläufigen syntaktischen Wortstellung *(Unendlich schön war der Himmel)*
Parallelismus: gleichartiger Bau von Sätzen oder Zeilen, Wiederholung gleicher oder bedeutungsgleicher Wörter *(Dieses Weinen und dies Klagen / Dieses Suchen und das Wagen)*
Chiasmus: Überkreuzstellung von ähnlichen Sätzen und Satzteilen *(Ich denke, also bin ich / ich bin, also denke ich)*

Vers

Verszeile
Strophen

Inhalt

Sonstige rhetorische Mittel

Alliteration: auch Stabreim genannt, zwei oder mehrere Wörter innerhalb einer Zeile oder eines Satzes besitzen den gleichen (betonten) Anlaut *(ein **s**tarker **S**turm)*
Anapher: mehrere Sätze oder Zeilen beginnen mit dem gleichen Wort *(Als schlechte Nichtigkeit… als eine Wiesenblum)*
Antithese: innerhalb einer Sinneinheit (Satz, Absatz, Vers oder Strophe) stehen sich Gegensätze gegenüber *(der schwieg, als er sprechen sollte)*
Ironie: Darstellungsweise, die das Gegenteil des eigentlich Gesagten meint *(Das hast du ja wieder gut hinbekommen!)*

Klangbereich

Metrum/Versmaß: Anzahl und Abfolge von unbetonten Silben (Senkungen x) und betonten Silben (Hebungen x́) in fester Reihenfolge

- **Jambus** (unbetont, betont)
- **Trochäus** (betont, unbetont)
- **Anapäst** (unbetont, unbetont, betont)
- **Daktylus** (betont, unbetont, unbetont)

Rhythmus: Wechsel von Takten im Vers (Tonhöhe, Sprachmelodie, Klang, Silbenverteilung) und das Auftreten von

- **Zeilenstil** (Sinneinheit fällt mit dem Versende zusammen) oder
- Hakenstil (**Enjambement:** Sinneinheit ist versübergreifend)

Reim: Gleichklang von Wörtern in verschiedenen Verszeilen
Reimformen: Binnenreim • unreiner Reim • Alliteration
Reimschema: Paarreim *(aabb)* • Kreuzreim *(abab)* • umschließender Reim *(abba/cddc/* usw.)

Bildlichkeit

Metapher: ein bildlicher Ausdruck, bei der eine bekannte Wortbedeutung in übertragener (bildlicher) Bedeutung gebraucht wird *(am Fuß des Berges)*
Oxymoron: Sonderform der Metapher; fügt widersprüchliche Bedeutungsbereiche zusammen *(weiße Nacht, kalte Glut)*
Personifikation: Vermenschlichung von Dingen oder Abstrakta *(Not und Elend gingen Hand in Hand)*
Symbol: ein Gegenstand oder Vorgang weist auf allgemeine Sinnzusammenhänge hin *(Taube als Zeichen für Frieden)*
Vergleich: sprachliches Bild, das mit einer Vergleichspartikel (wie, als ob) formuliert wird *(Er ist listig wie eine Schlange)*

4 Lesen Sie das folgende Gedicht mehrmals.
→ Schlagen Sie Begriffe oder Wörter, die Ihnen unbekannt sind nach.
→ Markieren, unterstreichen oder notieren Sie am Rand Ihre Leseeindrücke.
→ Vergleichen Sie die Zeilen im Text, in denen die Überschrift vorkommt, miteinander. Schreiben Sie Ihre Meinung dazu auf, ob sie immer dasselbe bedeuten.

Ulla Hahn
Auf und davon (1980)

Hab' gesponnen das Gold
zu Stroh bin weil ich
so traurig bin froh
nicht so traurig wie gestern
zu sein mein Herz
allerliebster ist auf
und davon.

Ließ mein Haar hinunter
zur Nacht. Nicht die Alte
er war's der mir sacht
die Flechten zerschnitten dann
ist er geritten auf meinem Herzen
auf und davon.

Tropf mir kühlen Schnee in
mein Blut. Komm
zurück und sei wieder
gut genug für mich
scher dich mein Herz
zum Allerliebsten auf
und davon.

5 Kreuzen Sie an, mit welcher Satzergänzung der Einleitungssatz richtig wird.

In dem Gedicht „Auf und davon" von Ulla Hahn
☐ geht es um Liebeskummer.
☐ wird das Gefühl des Verlassenwerdens von einem Geliebten thematisiert.
☐ geht es um wechselhafte Gefühle.

6 Tragen Sie jeweils die passende Strophennummer ein.

Fortgeführt wird die Anstrengung, endlich zu vergessen, in der ______ Strophe.

In der ______ Strophe wird thematisiert, dass das lyrische Ich vom Geliebten verlassen wurde.

Die ______ Strophe greift das Gefühl auf und zeigt bildhaft die Gefühle des Verletztwordenseins.

7 Kreuzen Sie die richtige Aussage zum Metrum an.

- ☐ Das Gedicht hat ein unregelmäßiges Metrum
- ☐ Die Verse beginnen immer mit einer unbetonten Silbe.
- ☒ Im Gedicht wechseln regelmäßig betonte und unbetonte Silben.

8 Beschreiben Sie den Rhythmus des Gedichtes mit den im Schaubild (☞ S. 32) genannten Fachbegriffen und erläutern Sie seine Funktion in diesem Gedicht.

Der Phythmus wird geprägt durch den Hakenstil. Er bildet den endlosen Gedankenfluss des Lyrischen Ichs in seiner emotional schwierigen Phase

9 Notieren Sie Adjektive aus dem Gedicht, die die Stimmung oder die Atmosphäre des Gedichtes vermitteln.

traurig (V.3) sacht (V.10) kühl (V.14) gut (V.17

10 Notieren Sie eine Metapher und eine Personifikation mit der jeweiligen Versnummer und erläutern Sie ihre Bedeutung im Gedicht.

Metapher: „Hab gesponnen das Gold zu Stroh (V.1f)

Personifikation „Scher dich mein Herz (V.15)

11 Persönliche Träume und Probleme des Privatlebens sind wichtige Themen der Lyrik der neuen Subjektivität (von Marcel Reich-Ranicki geprägter Begriff für eine neue Richtung der deutschen Literatur in den 70er Jahren).
→ Kreuzen Sie jeweils an, welcher Traum oder welches persönliche Problem im Gedicht zum Ausdruck kommt, und geben Sie an, in welchen Versen sich dieses Thema spiegelt.

☐ Traurigkeit über eine private Enttäuschung bestimmt das Gefühlsleben.

Strophe 1 Vers 3

☐ Resignation durch das Verlassenwerden ist das dominante Gefühl.

Strophe 2 Vers 3

☐ Der Traum vom Neubeginn der vergangenen Beziehung wird erwogen.

Strophe 3 Vers 2

12 Entscheiden Sie, welche Aussage zum Inhalt zu welcher Beobachtung zu Form und Sprache passt.

a) Denn während ein Teil seiner Wünsche darin besteht, dass der Geliebte zurückkehrt und es eine Neuauflage der glücklichen Beziehung gibt („Komm zurück und sei wieder gut genug für mich" (V. 15ff.)), möchte es gleichzeitig auch, dass der Verstand über das Gefühl siegen kann, was mit der Metapher „Tropf mir kühlen Schnee in mein Blut" (V. 14f.) plastisch ausgedrückt wird.
Die Steigerung der inneren Spannung verdeutlichen V. 18–20.

b) Unterstrichen wird dieses durch die Anspielung auf Märchen und das Handeln der Märchenfiguren in Rumpelstilzchen, Rapunzel und Schneewittchen (vgl. V1/2, V 8/9, V14/15). Gleichzeitig lässt sich sagen, dass der spielerische Umgang mit den bekannten Floskeln der Märchensprache auch die Zerrissenheit und das Gefühl der Einsamkeit verstärkt. So hat es nichts geholfen, dass das lyrische Ich das Gold gesponnen hat (vgl. (V. 1/2) und in diesem Fall war es der Geliebte selbst, der den Zopf durchgeschnitten hat und dann weggegangen ist (vgl. V. 10–12).

c) Beispielsweise erwähnt das lyrische Ich, dass der Geliebte sein Herz gestohlen habe, „ er ist geritten auf meinem Herzen auf und davon." (V. 12/13)
Auch die Metapher in V. 14/15 zeigt ganz deutlich, dass zwischen Herz und Verstand ein Dilemma besteht: „Tropf mir kühlen Schnee in mein Blut". Auch wenn das lyrische Ich nicht explizit darauf hinweist, dass das Blut „heiß", also „in Wallung" ist, verstärkt sich dadurch sofort der Eindruck, dass das Gefühl noch stark ist.

d) So weist die fehlende Interpunktion auf den fließenden Gedankenstrom hin. Es gibt nur Punkte am Strophenende und jeweils in der zweiten Verszeile der Strophen zwei und drei. Auf Kommata wird ganz verzichtet. Der Gedankenstrom spiegelt sich deutlich im Hakenstil, der jedoch kein sanftes Fließen, sondern ein aufgewühltes Stolpern rhythmisiert. Die Syntax spiegelt unvollständige Gedankenfetzen wieder und besteht in der Hauptsache aus verschachtelten Satzstücken, z. B. V. 15ff. „Komm zurück und sei wieder gut genug für mich scher dich mein Herz zum Allerliebsten auf und davon.". Reime gibt es nur in der 2. Strophe (Nacht-sacht-zerschnitten-geritten) (vgl. V. 9 – V. 11) und in der 3. Strophe (Blut-gut-mich-dich) (vgl. V. 2–4) inmitten der Zeilen (Binnenreime).

A) Das lyrische Ich leidet darunter, dass es die Beziehung immer noch nicht mit Abstand, d. h. gelassener sehen kann.

B) Die wenigen sprachlichen Bilder unterstreichen die Traurigkeit und die Zerrissenheit.

C) Der Rhythmus verdeutlicht das Hin- und Her-Gerissen-Sein des lyrischen Ich.

D) Die Liebe wird teilweise als unwirklich dargestellt und verklärt.

a) zu A

b) zu D

c) zu B

d) zu C

13 Schreiben Sie abschließend eine Analyse und Interpretation des Gedichtes „Auf und davon" von Ulla Hahn in einem zusammenhängenden Text in Ihr Heft.
→ Vergleichen Sie im Schlussteil die Darstellung von der scheiternden Liebe mit Ihren Erfahrungen zu diesem Thema.

3.2 Eine Gedichtinterpretation überarbeiten

Emil Erich Kästner wird am 23. Februar 1899 in Dresden geboren. Kästners Kindheit und Jugend sind geprägt von finanzieller Enge, der unglücklichen Ehe seiner Eltern und in besonderem Maße von seiner Mutter, die ihren Mann ständig seine Unzulänglichkeit spüren lässt und sich dafür umso stärker für das Wohl ihres Sohnes aufopfert. Das daraus entstehende enge Verhältnis zwischen Mutter und Sohn geht weit über das normale Maß hinaus. Es prägt ihn für sein Leben und begründet u.a. sein schwieriges Verhältnis zu Frauen.
Im Jahr 1926 trennt sich Erich Kästner von seiner Jugendliebe Ilse Julius, mit der er seit 1919 liiert ist. Am 14. November kommt es zu einer 6-stündigen Aussprache, von der Kästner seiner Mutter ausführlich berichtete. Kästners Biograf Sven Hanuschek formuliert, dass die gescheiterte Beziehung zu Ilse Kästners Verhältnis zu Frauen prägte und dass er über Jahre hinaus auf diese große Liebe anspielte.
Erich Kästner stirbt am 29. Juli 1974 in München. Er ist bis heute einer der bekanntesten deutschen Schriftsteller, Drehbuchautoren und Verfasser von Texten für das Kabarett vor allem wegen seiner humorvollen, scharfsinnigen Kinderbücher und seiner humoristischen bis zeitkritischen Gedichte.

Erich Kästner (1899–1974)

1 Lesen Sie das Gedicht.
→ Formulieren Sie Ihren ersten Eindruck und stellen Sie Vermutungen über den Inhalt an.

Erich Kästner
Sachliche Romanze

Als sie einander acht Jahre kannten
(und man darf sagen sie kannten sich gut),
kam ihre Liebe plötzlich abhanden.
Wie andern Leuten ein Stock oder Hut.

Sie waren traurig, betrugen sich heiter,
versuchten Küsse, als ob nichts sei,
und sahen sich an und wussten nicht weiter.
Da weinte sie schließlich. Und er stand dabei.

Vom Fenster aus konnte man Schiffen winken.
Er sagte, es wäre schon Viertel nach Vier
und Zeit, irgendwo Kaffee zu trinken.
Nebenan übte ein Mensch Klavier.

Sie gingen ins kleinste Café am Ort
und rührten in ihren Tassen.
Am Abend saßen sie immer noch dort.
Sie saßen allein, und sie sprachen kein Wort
und konnten es einfach nicht fassen.

- Zerbrechende Ehe
- Ende einer langen beziehung

2 Übertragen Sie die Tabelle in Ihr Heft. (Sie kann Ihnen immer wieder als Analyseraster dienen.) Vervollständigen Sie sie dann mit den Begriffen aus dem Speicher und eigenen Analyseergebnissen.

gut • traurig • Liebe • Oxymoron (Überschrift) • Präteritum • Sarkasmus (V.2) • auktorial • Parenthese (V.2) • 4 • Sachliche Romanze • 17• um 1920 • Neue Sachlichkeit • abab cdcd efef ghggh • Liebeslyrik • Erich Kästner • unregelmäßig • distanziert • Kreuzreim

Inhalt			
Textsorte/Gedichtart, Titel, = Sachliche Romanze **Thema, Autor/-in, Entstehungszeit** Gedicht, Liebenlyrik scheiternde Beziehung, Erich Kästner, um 1920,			
Inhaltliche Schwerpunkte (Atmosphäre, Verhältnis der Personen …)			
Sprecher/Sprechhaltung Auktorialer Erzähler			
Äußere Form			
Strophenzahl 4	**Verse pro Strophe** 3×4 1×5	**Reimschema** Kreuzreim	**Metrum** unregelmäßig
Sprachliche Gestaltung			
Auffällige Adjektive gut, traurig	**Auffällige Verben** betrugen, versuchten	**Auffällige Nomen** Klavier, Tassen	**Auffällige Adverbien** abhanden, weiter
Besondere sprachliche Mittel (Sprachbilder, Klangfiguren o. Ä.) Oxymoron (Überschrift), Sarkasmus (V.2), Parenthese (V.2) Vergleich (V.4)			
Syntaktische Gestaltung			
Wirkung			
Das Gedicht wirkt ____________, weil ____________________ ________________________________			

3 Formulieren Sie nach der Vervollständigung der Tabelle die Intention des Gedichtes, auf die Sie sich beim Schreiben der kompletten Gedichtinterpretation immer wieder beziehen.

____

____

____

____

4 Lesen Sie den Schülertext.
→ Teilen Sie den Text mithilfe von senkrechten Strichen in Abschnitte.
→ Notieren Sie am Rand die Begriffe *Einleitung*, *Hauptteil* und *Schluss* sowie die Analysebereiche (Form, Inhalt, Intention o. Ä.), die jeweils bearbeitet werden.
→ Achtung: In dem Text befindet sich ein „dicker" Fehler. Markieren Sie ihn.
→ Beurteilen Sie, ob der Text gelungen ist und begründen Sie Ihr Urteil, indem Sie inhaltliche Aussagen auf Korrektheit und Nachvollziehbarkeit prüfen und die sprachliche Form des Textes berücksichtigen.
→ Markieren Sie Probleme und Fehler in der Randspalte.

FEHLER!

Das Gedicht „Sachliche Romanze" von Erich Kästner handelt von einer scheiternden Beziehung. Nach meinem ersten Leseeindruck will der Autor uns mit dem Gedicht sagen, dass eine Beziehung auch nach mehreren Jahren noch in die Brüche gehen kann. Das Gedicht besteht aus 17 Versen in 4 Strophen. Die ersten vier Strophen bestehen jeweils aus vier und die letzte Strophe aus fünf Versen. Das Reimschema lautet abab cdcd efef ghggh, bildet also in den ersten vier Strophen einen Kreuzreim und weicht davon nur in der letzten Strophe ab. Schon in der ersten Strophe wird die lakonische Schreibweise deutlich, die durchweg anhält. Erich Kästner verwendet, dem Titel entsprechend, sachliche Sätze. Die erste Strophe enthält komprimiert bereits den zentralen Inhalt der Geschichte: Das Lyrische Ich sagt aus, dass es schon seit acht Jahren die beteiligte Person kannte, und die Liebe „abhanden" (V. 3.) kam. Strophe zwei handelt vom Status der Beziehung und wie die Krise letztendlich offensichtlich wurde. Dabei versucht das Lyrische Ich und sein Gegenüber, alles so wie immer scheinen zu lassen (V 6.). Die Passivität wird nur einmal vom Weinen der Frau durchbrochen (V. 8.). Das Lyrische Ich, der männliche Partner in der Beziehung, versucht in Strophe 3 so zu tun, als wäre nichts geschehen („Er sagt, es wäre schon Viertel nach vier", V. 10). Danach „gingen [sie] ins kleinste Café am Ort" (Strophe 4; V. 13), unternehmen also einen erneuten Versuch eines gemeinsamen Erlebens, der jedoch ebenfalls scheitert („[…] und sie sprachen kein Wort" V. 16), weil beide indirekt fühlen, dass ihre Beziehung am Ende ist. Analysiert man das Liebesgedicht auf sprachliche Mittel, so fällt auf, dass es genau so sachlich ist, wie der Titel es schon aussagt. Erich Kästner verzichtet auf fast durchgängig auf typischen Stilmittel wie Metaphern, Personifikationen oder Vergleiche. Das Gedicht wirkt fast wie eine Geschichte, also ein Text in Prosa. Es fällt jedoch das Oxymoron in der Überschrift ins Auge und die sarkastische Bemerkung aus Vers 2 („und man darf sagen: sie kannten sich gut). Durch den Widerspruch in der Überschrift bekommt das Gedicht einen unwirklichen Charakter bzw. eine Verharmlosung. Kästner versucht, es ironisch, sogar sarkastisch wirken zu lassen, was besonders durch den Vers 2 unterstützt wird. Hieran merkt man, wie hilflos das Lyrische Ich dargestellt ist. In den beiden Strophen 2 und 3 versucht das Lyrische Ich der negativen Entwicklung entgegen zu wirken, aber es ist wohl schon alles verloren, was sich am Ende in der letzten, formal abweichenden Strophe zeigt. Sie besteht als einzige aus fünf Versen und wird von einem undefinierbaren Reim „beherrscht". Die Hilflosigkeit wird im Vers 17 deutlich, der mit einem Enjambement an den Rest des Gedichts „angehängt" ist. Vergleiche ich die Interpretation nun mit meiner Interpretationshypothese, so werde ich bestätigt. Zieht man auch noch die Biografie von Kästner zu Rate, so wird deutlich, dass das Lyrische Ich mit dem Autor gleichgesetzt werden kann. Bei Kästner ging nach 8 Jahren die Beziehung mit Ilse Julius zu Ende, weil sie sich auseinander gelebt hatten. Zusätzlich kann man sagen, dass dieses Gedicht absolut zeitlos ist und in fast jeder Epoche der Literatur einen Platz finden würde, weil die Liebe zu allen Zeiten ein Thema in Gedichten war. Des Weiteren wird auf beschönigende Stilmittel verzichtet, sodass der Titel auch auf das Gedicht zu trifft. Abschließend ist zu sagen, dass Kästner dieses Gedicht gut gelungen ist, weil er ein Beziehungsproblem ohne Beschönigung präsentiert.

5 Schreiben Sie nun eine eigene Interpretation des Gedichts „Sachliche Romanze" von Erich Kästner unter Berücksichtigung Ihrer Überarbeitung des Interpretationsbeispiels in Ihr Heft.

→ Nutzen Sie Begriffe aus dem Speicher.

Wortfeld *sagen*: sprechen • mitteilen • sich äußern • zum Ausdruck bringen • hinweisen auf • verdeutlichen • ausdrücken • zur Sprache bringen • erklären • erläutern • reflektieren • verkünden • hervorheben • unterstreichen • betonen • meinen • annehmen • mutmaßen • verweisen auf • anspielen • einwenden • erwidern • entgegnen • einwenden • offenbaren • zugeben • behaupten • bitten • beschwören • schildern • erzählen etc.

→ Beziehen Sie dabei Informationen zu Kästners Leben (☞ S. 36) verstärkt ein.

→ Vergleichen Sie im Schlussteil das Gedicht mit dem Gedicht von Ulla Hahn (☞ S. 33) hinsichtlich der Aussage, der Stimmung und der sprachlichen und der formalen Merkmale.

so geht's

Die **Textanalyse von Prosatexten** setzt das **Erkennen** und **Benennen** ihrer Analysemerkmale voraus. Im Anschluss erfolgt das **Interpretieren**, das **Deuten**.

1 Den Inhalt erschließen, gliedern und stichpunktartig zusammenfassen.

→ **Lesen** Sie **den Text** und **schlagen** Sie **Begriffe**, die unklar sind, **nach**.
→ **Gliedern** Sie den Text **in Abschnitte** (Einleitung, Hauptteil jeweils mit neuen Handlungsschritten, Schluss) und **machen** Sie **diese Abschnitte sichtbar** (Schlüsselbegriffe markieren / Abschnitte anzeichnen).
→ **Notieren** Sie **Stichpunkte** am Rand, die den Inhalt der Abschnitte wiedergeben (Zwischenüberschriften).

2 Textstruktur und Sprache untersuchen und beschreiben

→ Halten Sie Beobachtungen in einem Schreibplan zu folgenden Aspekten fest.

EINLEITUNG

- Autor/in • Textsorte • Titel • Erscheinungsjahr • Thema/Problem • knappe Wiedergabe des Inhalts

HAUPTTEIL

- Merkmale von Figuren, ihre Eigenschaften und Lebensumstände, Bestimmen von Haupt- und Nebenfiguren, Figurenkonstellationen
- Zeit und Ort des Geschehens, Zeitraum oder -punkt der Handlung, Besonderheiten, Atmosphäre der Räume, Symbolik
- Aufbau der Handlung, Spannungsbogen, besondere Motive
- Erzählform, Erzählverhalten oder -situation, Erzählperspektive, Erzählhaltung, Erzählweise
- Sprache: auffällige Wörter, sonstige Stilmittel, Auslassungen, Satzbau

→ **Suchen** Sie jeweils **Textstellen**, die als **Belege** angeführt werden können und im ausformulierten Text als **Zitate** verwendet werden sollen. **Notieren** Sie die **Zeilenangabe** der Textstellen neben den Stichpunkten.

3 Den Text und seine Wirkung mithilfe von Fragen deuten und werten

SCHLUSS

→ **Sammeln** Sie **Hintergrundinformationen** über Entstehungszeit des Textes, politische und gesellschaftliche Ereignisse und das Leben des Autors / der Autorin in Lexika, im Internet oder in Schulbüchern.
→ **Notieren** Sie **Textstellen** zur **Übertragbarkeit der Thematik** auf die heutige Zeit oder die eigene Situation oder zur **Funktion** der **Personen** im Text.
→ **Formulieren** Sie mit **Bezug auf die Themenformulierung** der Einleitung mögliche **Aussageabsichten des Textes**.
→ **Erstellen** Sie eine **persönliche Stellungnahme**, die wiedergibt, was Ihnen am Text gefällt, missfällt oder nachdenkenswert erscheint.

TIPPS UND QUERVERWEISE

Mittel der Erzählens (☞ S. 42 f.), Stilmittel (☞ S. 32), Satzbau, Zitieren (☞ S. 96), Konjunktiv (☞ S. 70 ff.)

ACHTUNG: FEHLERQUELLEN!

Bei der Interpretation muss man entweder linear (nach Sinnabschnitten) oder aspektorientiert (nach Analyseaspekten: Figur, Zeit, Raum ...) vorgehen. Ein Wechsel bedeutet einen Fehler. Die einzelnen Abschnitte des Hauptteils sollten sprachlich miteinander verknüpft werden.

4.1 Merkmale epischer Texte wiederholen

1 Ordnen Sie die Buchstaben der Beschreibungen a) bis f) der jeweiligen Textsorte A) bis F) richtig zu.

A) Anekdote ( )
B) Fabel ( )
C) Kurzgeschichte ( )
D) Novelle ( )
E) Parabel ( )
F) Roman ( )

a) Erzählt wird ein ungewöhnliches Ereignis, das durch einen Konflikt geprägt und real vorstellbar ist. Ohne ausschweifende Schilderung wird geradlinig, sich steigernd, der Konflikt bis zur Entscheidung getrieben. Ein Höhepunkt, meist als Wendepunkt, ist klar erkennbar. Oft gibt es ein unerwartetes Ende. Wiederkehrende Motive (sogar Aussagen im gleichen Wortlaut) oder Dingsymbole (Gegenstände von symbolischer Bedeutung, die an entscheidenden Stellen des Textes stehen), ziehen sich durch Texte dieser Textsorte.

b) Sie gehört zu den erzählenden Kurzformen. Die Handlung wird meist von sprechenden Tieren getragen, die typische menschliche Verhaltensweisen und Eigenschaften verkörpern. Sie will unterhalten, aber auch auf Fehlverhalten aufmerksam machen. Am Ende steht deshalb meist eine Moral.

c) In der Regel gilt: Auf wenige Seiten beschränkter Erzähltext mit unvermitteltem Anfang und offenem Schluss. Im Mittelpunkt steht ein Wendepunkt im Leben eines Durchschnittsmenschen oder auch Außenseiters. Die Sprache ist nüchtern und alltäglich. Die Handlung spielt in der Welt und Zeit, in der der Text entstanden ist. Entsprechend der künstlerischen Freiheit sind im Einzelnen Abweichungen möglich.

d) Das Wort kommt ursprünglich aus dem Französischen und stand für jeden in der Volkssprache, also nicht lateinisch, geschriebenen Text. Heute versteht man darunter einen erzählenden Text größeren Umfangs, der kein Einzelereignis, sondern größere Zusammenhänge aus dem Leben einer oder mehrerer Personen, manchmal sogar ganzer Generationen, beinhaltet. Seit dem 18. Jahrhundert ist diese Textsorte die beliebteste Form literarischer Unterhaltung und bietet eine Fülle von Inhalten und Unterarten, z. B. Abenteuer, Entwicklungsgeschichten, Kriminalfälle und Sciencefiction.

e) Kurze Erzählung einer Begebenheit, die wie ein Gleichnis (ein Bild) zu einer allgemeinen Erkenntnis wirkt, sodass der Leser bzw. die Leserin zur eigenen Textdeutung (der Erschließung der Bedeutungsebene aus der Sachebene) angeregt wird.

f) Die Textsorte behandelt Charaktereigenschaften oder bestimmte typische Verhaltensweisen von Menschen(-typen), einer Gesellschaftsschicht oder berühmter Persönlichkeiten. Der Verfasser ist meist unbekannt und der Wahrheitsgehalt des erzählten Geschehens meist nicht zu prüfen. Der Aufbau ist relativ klar: kurze Vorstellung der Person(en), Beschreibung der Begebenheit; überraschende, oft witzige Wende (= Pointe).
Aufgrund des häufig humorvollen Endes eignet sich diese Textsorte gut, Schwächen von Menschen aufzuzeigen, ohne diese zu verletzen.

2 Setzen Sie die Wörter aus dem Speicher an der jeweils richtigen Stelle in den Wissenstext ein.

Erzählhaltung • Erzählform • Zeitraffung • Figurencharakterisierung • Erzählperspektive • Zeitgestaltung/Erzähltempo • Figuren • Epik • Figurenkonzeption • Erzählsituation • Figurenkonstellation • Innensicht • Erzählzeit • Vorausdeutungen • Erzähler • Figurenrede • erzählte Zeit • auktoriale • personale • Außensicht • Erzählerbericht

WISSEN

Der Begriff ______________ ist der Sammelbegriff für unterschiedliche Texte erzählender Literatur.

Die ______________ sind auch in epischen Texten die Träger der Handlung. Um sie genauer zu betrachten, kann man drei Aspekte näher untersuchen:

- Ihre Beziehungen untereinander: ______________
- Ihre Merkmale (offen, geschlossen, vielschichtig, dynamisch, statisch): ______________.
- Direkte oder indirekte Darstellung ihres Charakters: ______________.

Die Wiedergabe der Zeit (genannt: ______________) spielt für die Struktur eines Textes eine wesentliche Rolle. Die zeitlichen Abläufe der Handlung kann man unter folgenden Gesichtspunkten betrachten:

- Reihenfolge:
  - Ereignisse in chronologischem Ablauf (Anfang → Ende)
  - Rückblenden
  - ______________
- Dauer:
  Je nachdem wie die ______________ (also die Zeitspanne, über die sich das erzählte Geschehen erstreckt) und die ______________ (in welcher das Geschehen erzählt wird bzw. vorgelesen werden kann) zueinander in Beziehung stehen, unterscheidet man drei Varianten der Zeitgestaltung:
  - Zeitdeckung: Erzählzeit = erzählte Zeit
  - ______________ Erzählzeit < erzählte Zeit
  - Zeitdehnung: Erzählzeit > erzählte Zeit

Nicht zu verwechseln ist die Erzählzeit mit dem Erzähltempus (in der Regel Präteritum), in dem Erzählungen meist verfasst sind.

Der ______________ darf nicht mit dem Autor des Textes gleichgesetzt werden. Nur in einer Autobiografie ist der Erzähler identisch mit dem Autor. Ansonsten ist er eine fiktive Gestalt, die zwischen der Handlung und dem Leser vermittelt. Er ist das vom Autor ins Werk gesetzte Erzählinstrument, mit dessen Hilfe er die Erzählform seiner Geschichte gestalten und strukturieren kann.

WISSEN

Folgende weitere Differenzierung ist möglich:

- ____________________: Damit wird die Unterscheidung zwischen den beiden grundsätzlich möglichen Erzählern bezeichnet. Im Falle einer Ich-Erzählung ist der Erzähler eine am Geschehen beteiligte Figur, die von sich erzählt. Der Er-Erzähler erzählt von anderen.
- ____________________ (auch Erzählverhalten): Grundsätzlich können sich sowohl Ich-Erzähler als auch Er-Erzähler auktorial, personal und neutral verhalten; so nennt man die drei unterschiedlichen Erzählsituationen:
  - Der ____________________ Erzähler verfügt frei über das Geschehen und die Personen. Er steht außerhalb des Geschehens, weiß alles und macht durch Reflexionen, Analysen und Leseransprachen auf sich aufmerksam. Man spricht auch vom allwissenden Erzähler.
  - Der ____________________ Erzähler erzählt in der 3. Person aus der Sicht einer oder mehrerer Figuren, in die er sich hineinversetzt, deren Gedanken und Gefühle er zu erfassen versucht und aus deren Sicht heraus er das Ganze erzählt. Er ist Teil der Geschichte.
  - Der neutrale Erzähler erzählt aus der Distanz, bezieht keine Stellung und ist als Figur nicht fassbar. Er berichtet über das Geschehen.

In vielen Texten ändert sich die Erzählsituation, sodass Mischformen entstehen können. Dennoch kann man häufig eine vorherrschende Erzählsituation in den Mittelpunkt der Analyse rücken.

- ____________________: Mit der Erzählsituation verknüpft ist die Frage, von welchem Standort der Erzähler auf das Geschehen blickt, ob er in die Figuren hineinschauen kann, also ____________________ hat, oder ob er „nur" die ____________________ einnehmen kann. Während alle drei Erzähler, also der auktoriale, der personale und der neutrale Erzähler, alle Figuren von außen schildern können, kann der personale Erzähler nur die Innensicht der Figur darstellen, aus deren Perspektive er erzählt.
  Der auktoriale und der neutrale Erzähler können sowohl die Innensicht als auch die Außensicht darstellen.
- ____________________: Der Erzähler kann auch unabhängig von der Erzählsituation verschiedene Erzählhaltungen einnehmen. Je nachdem, ob er eher begeistert, zustimmend und wohlwollend etc. oder eher kritisch, ironisch oder ablehnend etc. erzählt, beeinflusst er die Textrezeption des Lesers.

Weiterhin unterscheidet man den ____________________ (alle Elemente eines Textes, die nicht Äußerungen oder Gedanken einer Figur sind) und die ____________________ (Gedanken der Personen oder Figuren werden unmittelbar wiedergegeben).

3 Ergänzen Sie in der Tabelle die passenden Redeformen aus dem Speicher darunter.

Figurenrede				
äußere Rede		innere Rede		
direkte Rede	**indirekte Rede**	**innerer Monolog**	**erlebte Rede**	**Bewusstseinsstrom**
wortwörtliches Wiedergeben dessen, was eine Person sagt:	Gedanken/Aussagen werden sinngemäß wiedergegeben:	Wiedergabe von Gefühlen aus der Sicht einer Person in der 1. Person im Präsens:	3. Person, Indikativ, oft Präteritum:	assoziative Folge von Eindrücken, Bildern, Gedanken:

- Sie, immer sie. Im Kopf. Im Ohr. Sie sprechen.
- Ich muss sie sprechen.
- Er musste sie sprechen.
- Er sagte, er müsse sie sprechen.
- Er sagte: „Ich muss sie sprechen."

4 Analysieren Sie den Anfang der folgenden Erzählung in Bezug auf die Erzählform, die Erzählsituation, die Erzählperspektive, die Erzählhaltung, Erzählweise und die Zeitgestaltung.

Botho Strauß

Frau auf der Bettkante

Aus dem Schlaf gerissen von seiner Abwesenheit, allein im gemeinsamen Hotelzimmer, vor Morgengrauen noch, die Hände zwischen die Knie gepresst, den Kopf leicht angehoben, den Blick zur Seite gesenkt zur Besinnung kommen, heißt, es nicht fassen können. Was soll ich tun? Eine Entscheidung treffen? Keine Entscheidung treffen? Warten? Handeln? Warten worauf? Handeln was? Er ist weg. Er ist wirklich abgereist! Hierbleiben, allein, auf dem Hotelzimmer? Sein Jähzorn, Vernichtungskoller, seine unbeherrschte Bosheit. Sie musste sich wehren, und dann konnte sie nicht mehr zurück. Unmöglich, einzulenken. Jetzt, weit weg von zuhaus, plötzlich aus heiterem Himmel, Aufbruch im Zorn, das Ende. Er ist wirklich weg! Wie wenig kann ich ihm noch bedeuten, wenn er imstande ist, tatsächlich abzureisen. Diesmal ist es ein tiefer, kalter Schnitt. Nicht wiedergutzumachen. Hin und her reißt es sie zwischen erbittertem Stolz und reumütigem Gewinsel. So kann er nicht umgehen mit einem anderen Menschen! Das muss er für immer wissen. Aber, was soll's, nur eine Episode, in Wirklichkeit nur ein kleiner fieser Zwischenfall in unserer langen, großen Geschichte. Eine Gewalttat, ja, abscheulich, aber sie zeigt doch aufs Neue: nichts ist erschöpft zwischen uns, nichts gleichgültig geworden. Was werde ich tun? Was fange ich an? Allein in dieser verdammten Stadt. Es ist noch so früh. Ich werde zu Mittag essen unten am Hafen. Genau dort, wo wir gestern waren. Ich werde ins Kino gehen. Einen Spaziergang machen im Park. Mit den alten Straßenbahnen fahren. Ich sitze in der Fremde fest. Verstehe die Sprache nicht. Alles um einen herum ist höhnische Maskerade. Gestern noch war es gut zu ertragen. Einander die Arme um die Hüften gelegt. Viel gesehen, viel Freude gehabt. So viel gleiche Schritte!

4.2 Eine Kurzgeschichte interpretieren

1 Lesen Sie den folgenden Text (☞ S. 46) und überprüfen Sie anhand der genannten Merkmale in der Tabelle, ob sie zur Gattung Kurzgeschichte gehört.
→ Ergänzen Sie in der Tabelle Stichpunkte und passende Zitate aus dem Text mit Zeilenangaben, die Ihre Annahme belegen.
→ Notieren Sie weitere Merkmale einer Kurzgeschichte und belegen Sie sie am Text soweit möglich.

Merkmale von Kurzgeschichten	Walter Helmut Fritz „Augenblicke“
• Plötzlicher Einstieg in die Situation • Überraschende, momentane Grenzsituation • Wenige wichtige Augenblicke • Überschaubar • Alltagssituationen und Alltagsmenschen • Offenes Ende	
Weitere Merkmale:	

Walter Helmut Fritz – **Augenblicke**

Kaum stand sie vor dem Spiegel im Badezimmer, um sich herzurichten, als ihre Mutter aus dem Zimmer nebenan zu ihr hereinkam, unter dem Vorwand, sie wolle sich nur die Hände waschen.
Also doch! Wie immer, wie fast immer.
Elsas Mund krampfte sich zusammen. Ihre Finger spannten sich. Ihre Augen wurden schmal. Ruhig bleiben!
Sie hatte darauf gewartet, dass ihre Mutter auch dieses Mal hereinkommen würde, voller Behutsamkeit: mit jener scheinbaren Zurückhaltung, die durch ihre Aufdringlichkeit die Nerven freilegt. Sie hatte – behext, entsetzt, gepeinigt – darauf gewartet, weil sie sich davor fürchtete.
— Komm, ich mach dir Platz, sagte sie zu ihrer Mutter und lächelte ihr zu.
— Nein, bleib nur hier, ich bin gleich soweit, antwortete die Mutter und lächelte.
— Aber es ist doch so eng, sagte Elsa, und ging rasch hinaus, über den Flur, in ihr Zimmer. Sie behielt einige Augenblicke länger als nötig die Klinke in der Hand, wie um die Tür mit Gewalt zuzuhalten. Sie ging auf und ab, von der Tür zum Fenster, vom Fenster zur Tür. Vorsichtig öffnete ihre Mutter. Ich bin schon fertig, sagte sie.
Elsa tat, als ob ihr inzwischen etwas anderes eingefallen wäre, und machte sich an ihrem Tisch zu schaffen.
— Du kannst weitermachen: sagte die Mutter.
— Ja, gleich.
Die Mutter nahm die Verzweiflung ihrer Tochter nicht einmal als Ungeduld wahr.
Wenig später allerdings verließ Elsa das Haus, ohne ihrer Mutter adieu zu sagen. Mit der Tram fuhr sie in die Stadt, in die Gegend der Post. Dort sollte es eine Wohnungsvermittlung geben, hatte sie einmal gehört. Sie hätte zu Hause im Telefonbuch eine Adresse nachsehen können. Sie hatte nicht daran gedacht, als sie die Treppen hinuntergeeilt war.
In einem Geschäft für Haushaltungsgegenstände fragte sie, ob es in der Nähe nicht eine Wohnungsvermittlung gebe. Man bedauerte. Sie fragte in der Apotheke, bekam eine ungenaue Auskunft. Vielleicht im nächsten Haus. Dort läutete sie. Schilder einer Abendzeitung, einer Reisegesellschaft, einer Kohlenfirma. Sie läutete umsonst.
Es war später Nachmittag, Samstag, zweiundzwanzigster Dezember.
Sie sah in eine Bar hinein. Sie sah den Menschen nach, die vorbeigingen. Sie trieb mit. Sie betrachtete Kinoreklamen.
Sie ging Stunden umher. Sie würde erst spät zurückkehren. Ihre Mutter würde zu Bett gegangen sein. Sie würde ihr nicht mehr gute Nacht zu sagen brauchen.
Sie würde sich, gleich nach Weihnachten, eine Wohnung nehmen. Sie war zwanzig Jahre alt und verdiente. Kein einziges Mal würde sie sich mehr beherrschen können, wenn ihre Mutter zu ihr ins Bad kommen würde, wenn sie sich schminkte. Kein einziges Mal.
Ihre Mutter lebte seit dem Tod ihres Mannes allein. Oft empfand sie Langeweile. Sie wollte mit ihrer Tochter sprechen. Weil sich die Gelegenheit selten ergab (Elsa schützte Arbeit vor), suchte sie sie auf dem Flur zu erreichen oder wenn sie im Bad zu tun hatte. Sie liebte Elsa. Sie verwöhnte sie. Aber sie, Elsa, würde kein einziges Mal mehr ruhig bleiben können, wenn sie wieder zu ihr ins Bad käme.
Elsa floh.
Über der Straße künstliche, blau, rot, gelb erleuchtete Sterne. Sie spürte Zuneigung zu den vielen Leuten, zwischen denen sie ging.
Als sie kurz vor Mitternacht zurückkehrte, war es still in der Wohnung. Sie ging in ihr Zimmer, und es blieb still. Sie dachte daran, dass ihre Mutter alt und oft krank war. Sie kauerte sich in ihren Sessel, und sie hätte unartikuliert schreien mögen, in die Nacht mit ihrer entsetzlichen Gelassenheit.

2 Unterstreichen Sie im Text alle Stellen rot, die etwas über die Gefühle und Empfindungen der Mutter aussagen.
→ Unterstreichen Sie blau, wo Sie etwas über Empfindungen und Verhalten der Tochter erfahren.

3 Übertragen Sie die die folgende Tabelle in Ihr Heft und füllen Sie sie aus.

Merkmale der Personen	Mutter	Tochter	Textstellen
Aussehen			
Verhalten			
Sprache			
Mimik			

4 Nummerieren Sie die Zwischenüberschriften in der Reihenfolge, wie sie im Text aufeinanderfolgen.

___ Die Enge ___ Die Suche ___ Auf der Flucht ___ Die Entscheidung ___ Der Anlass

5 Übertragen Sie die Überschriften in der richtigen Reihenfolge in Ihr Heft und notieren Sie in Stichpunkten, was in den Abschnitten jeweils geschieht.

6 Markieren Sie Besonderheiten, die Ihnen im Text bezüglich der Sprache auffallen: z. B. Satzbau – Wiederholungen – Verben, Adjektive, Nomen – sprachliche Bilder.
→ Verwenden Sie zur einfacheren Zuordnung für bestimmte Kategorien bestimmte Abkürzungen, z. B. **W** für **Wiederholung** etc.

7 Die Textstelle zu Beginn des Textes spiegelt die Situation des Mädchens, in der sie sich in Bezug auf ihre Mutter befindet. Notieren Sie, was damit darüber hinaus noch gemeint sein könnte.

Kaum stand sie vor dem Spiegel im Badezimmer, um sich herzurichten, als ihre Mutter aus dem Zimmer nebenan zu ihr hereinkam unter dem Vorwand, sie wolle sich nur die Hände waschen. (Z. 1–4)

→ Schreiben Sie auch auf, welche Bedeutungen noch hinter der Überschrift „Augenblicke“ stehen könnten.

8 Entscheiden Sie, ob die folgenden Urteile über die Figuren zutreffen. Begründen Sie Ihre Entscheidungen mit Textbelegen.

a) Die Mutter mischt sich in das Leben der Tochter ein, weil sie sie nicht loslassen kann.

Begründung: ____________________

____

b) Dass die Tochter ihrer Mutter nicht ihre wahren Gefühle mitteilt, ist richtig.

Begründung: ____________________

____

c) Es ist überhaupt nicht nachzuvollziehen, wie die beiden sich verhalten.

Begründung: ____________________

____

d) Die Tochter ist sehr rücksichtsvoll.

Begründung: ____________________

____

9 Lesen Sie den Text noch einmal und notieren Sie stichpunktartig, aus wessen Sicht das Geschehen erzählt wird.

____

____

____

10 Kreuzen Sie an, welche der folgenden Formulierungen das Thema der Kurzgeschichte besonders gut erfasst.

☐ Der Text problematisiert die Beziehung zwischen einer älter werdenden Mutter und ihrer noch bei ihr lebenden erwachsenen Tochter.
☐ Der Text erzählt die schlechte Beziehung zwischen einer Mutter und ihrer Tochter.
☐ Der Text schildert einen gewöhnlichen Abend aus dem Leben einer Mutter und ihrer Tochter.

→ Begründen Sie Ihre Entscheidung.

____

____

11 Erstellen Sie auf einem Blatt eine Gliederung des Textes.

12 Ordnen Sie die folgenden Satzanfänge den drei Teilen *Einleitung*, *Hauptteil* und *Schluss* zu und vervollständigen Sie die Satzanfänge mit Ihren Notizen.

Meiner Meinung nach ist das Verhalten ...
Typische Merkmale einer Kurzgeschichte sind ...
Ein Hauptmotiv sind die Gefühle der ...
Walter Helmut Fritz erzählt in seiner Kurzgeschichte „Augenblicke“...

13 Analysieren und interpretieren Sie die Kurzgeschichte „Augenblicke“ von Walter Helmut Fritz von 1964 in einem zusammenhängenden Text.
→ Untersuchen Sie besonders
- die Gefühle und das Verhalten der Figuren und ihr Verhältnis zueinander,
- die Form und die Sprache der Kurzgeschichte.

14 Beurteilen Sie das Verhalten der Figuren unter der Fragestellung „Verhalten die beiden sich ehrlich zueinander?“.

15 Überprüfen Sie Ihren Text, indem Sie *ja* oder *nein* ankreuzen. Bei jedem *Nein* müssen Sie noch einmal überarbeiten.

	ja	nein
• Einleitung, Hauptteil und Schluss meines Textes können durch einen Trennstrich klar unterschieden werden.	▫	▫
• Das Thema der Kurzgeschichte steht in der Einleitung.	▫	▫
• Merkmale und Sprache der Kurzgeschichte sind ausgeführt.	▫	▫
• Die Gefühle der Personen werden deutlich.	▫	▫
• Aussagen und Urteile sind durch Zitate unter Angabe der Zeilen belegt.	▫	▫
• Die Redewiedergabe erfolgt ...		
... als Zitat mit Anführungsstrichen.	▫	▫
... als indirekte Rede.	▫	▫
... sinngemäß zusammengefasst.	▫	▫
• Die Ergebnisse zum Untersuchungsaspekt Sprache sind mit den inhaltlichen Aspekten des Hauptteils verknüpft.	▫	▫

4.3 Merkmale einer Parabel erkennen und auf einen Text anwenden

Der Begriff **Parabel** stammt aus dem Griechischen und bedeutet so viel wie „Nebeneinanderstellen, Vergleichen, Gleichnis“. In einer Parabel wird eine menschliche Grunderfahrung (Einsamkeit, Intoleranz o. Ä.) anhand eines Einzelfalls thematisiert.

Die Parabel ist also eine dem **Gleichnis** verwandte Form von Literatur, eine lehrhafte und kurze Erzählung. Sie wird oft als längere Textvariante des Gleichnisses gesehen. Während jedoch in einem Gleichnis (z. B. in der Bibel) direkt angegeben ist, womit das Erzählte zu vergleichen ist, fehlt diese Angabe in einer Parabel. Der Leser muss sich den gemeinten Sachverhalt selber erschließen und das Beispiel aus dem Text auf seine Lebenssituation beziehen.

Das im Vordergrund stehende Geschehen (**Bildebene**) hat symbolische Bedeutung für den Leser. Die Parabel ist eine Aufforderung zum Erkennen und soll den Leser dazu bringen, das Gemeinte im Allgemeinen (**Sachebene**) herzuleiten. Der Leser soll die Arbeit des Autors umgekehrt nachvollziehen.

Man kann sich das Charakteristische dieser Literaturform auch an einer **geometrischen Parabel** verdeutlichen: Die beiden Parabeläste stehen dann jeweils für die Bild- und Sachebene der Erzählung. Im Scheitelpunkt steht das abstrakte Bindeglied zwischen Erzähltem und Gemeintem, das *Tertium comparationis* (das Dritte des Vergleichs), das der Leser sich selbst erschließen muss.

Die Parabel ist im Gegensatz zum Gleichnis (Präsens) im Präteritum verfasst.

1 Notieren Sie in Ihrem Heft zentrale Merkmale einer Parabel im Vergleich zu einem Gleichnis.

Parabel	Gleichnis

2 Beschreiben Sie das Verhalten der Frauen und des Greises in Tolstois Text.

Leo Tolstoi (eigentlich: Lew Nikolajewitsch)

Die drei Söhne

Drei Frauen wollten am Brunnen Wasser holen. Nicht weit davon saß ein Greis auf einer Bank und hörte zu, wie die Frauen ihre Söhne lobten.

„Mein Sohn“, sagte die erste, „ist so geschickt, dass er alle hinter sich lässt ...“

„Mein Sohn", sagte die zweite, „singt so schön wie die Nachtigall. Es gibt keinen, der eine so schöne Stimme hat wie er ...“

„Und warum lobst du deinen Sohn nicht?“, fragten sie die dritte, als diese schwieg.

„Ich habe nichts, womit ich ihn loben könnte“, entgegnete sie. „Mein Sohn ist nur ein gewöhnlicher Knabe. Er hat weder an sich noch in sich etwas Besonderes ...“

Die Frauen füllten ihre Eimer und gingen heim. Der Greis ging langsam hinter ihnen her. Die Eimer waren schwer und die abgearbeiteten Hände schwach. Deshalb machten die Frauen eine Ruhepause, denn der Rücken tat ihnen weh ...

Da kamen ihnen drei Knaben entgegen.

Der erste stellte sich auf die Hände und schlug Rad um Rad und die Frauen riefen:

„Welch ein geschickter Bub!“

Der zweite sang so herrlich wie die Nachtigall, und die Frauen lauschten andachtsvoll und mit Tränen in den Augen.

Der dritte Knabe lief zu seiner Mutter, hob die Eimer auf und trug sie heim ...

Da fragten die Frauen den Greis: „Was sagst du zu unseren Söhnen?“

„Wo sind eure Söhne?“, fragte der Greis verwundert. „Ich sehe nur einen einzigen Sohn!“

3 Weisen Sie die Merkmale der Parabel am Text „Die drei Söhne“ nach und ergänzen Sie die Tabelle.

Merkmale der Parabel	Die drei Söhne

4 Vervollständigen Sie das Schaubild mit Textstellen.

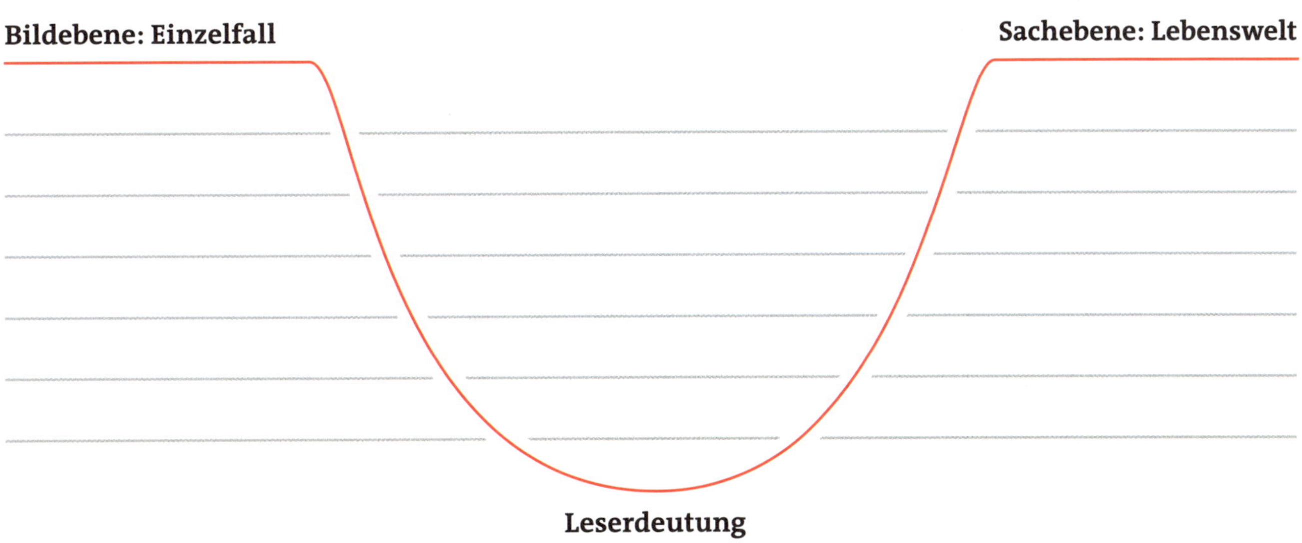

5 Formulieren Sie, welche menschliche Grunderfahrung der Text Ihrer Meinung nach spiegelt.

4.4 Eine Parabel erschließen

1 Notieren Sie Assoziationen, die die Überschrift „Der hilflose Knabe" in Ihnen weckt.

Vernachläsigtes Kind, armes Kind,
nicht tun, kann sich selbst nicht helfen

Bertolt Brecht
Der hilflose Knabe (1930)

Herr K. sprach über die Unart, erlittenes Unrecht stillschweigend in sich hineinzufressen, und erzählte folgende Geschichte: „Einen vor sich hin weinenden Jungen fragte ein Vorübergehender nach dem Grund seines Kummers. ‚Ich hatte zwei Groschen für das Kino beisammen', sagte der Knabe, da kam ein Junge und riß mir einen aus der Hand', und er zeigte auf einen Jungen, der in einiger Entfernung zu sehen war. ‚Hast du denn nicht um Hilfe geschrien?' fragte der Mann. ‚Doch', sagte der Junge und schluchzte ein wenig stärker. ‚Hat dich niemand gehört?' fragte ihn der Mann weiter, ihn liebevoll streichelnd. ‚Nein', schluchzte der Junge. ‚Kannst du denn nicht lauter schreien?' fragte der Mann. ‚Nein', sagte der Junge und blickte ihn mit neuer Hoffnung an. Denn der Mann lächelte. ‚Dann gib auch den her', sagte er, nahm ihm den letzten Groschen aus der Hand und ging unbekümmert weiter."

2 Kreuzen Sie die Aussagen an, die Sie als Überschrift für Sinnabschnitte wählen würden und ergänzen Sie die Zeilenzahl.

	Aussage	Zeile
☐	Herr K. erzählt eine Geschichte über das Benehmen von Menschen.	
☐	Herr K. erzählt eine Geschichte, weil einige Menschen Unrecht leiden.	
☐	Ein Junge hatte kein Geld für das Kino.	
☐	Ein Junge wollte mit zwei Groschen das Kino bezahlen.	
☐	Dem Jungen wurden von einem anderen Jungen die beiden Groschen gestohlen.	
☐	Dem Jungen wurde ein Groschen weggerissen.	
☐	Der Junge konnte nicht um Hilfe schreien.	
☐	Der Junge weinte, weil ihm ein Groschen geraubt worden war.	
☐	Ein Mann fragte den Jungen nach dem Grund seiner Tränen.	
☐	Der Mann schenkte dem Jungen einen Groschen.	
☐	Der Mann wollte wissen, warum der Junge nicht geschrien habe.	
☐	Der Junge hatte zu schwach um Hilfe geschrien.	
☐	Der Mann nahm dem Jungen seinen letzten Groschen weg.	
☐	Der Mann konnte den Jungen trösten.	

3 Ergänzen Sie die Ihrer Meinung nach auf die Figuren jeweils zutreffenden Eigenschaften aus dem Speicher und begründen Sie Ihre Wahl.

naiv • betrügerisch • mitleidlos • hilfsbereit • zynisch • freundlich • mitleidig • unehrlich • gütig • opportunistisch • diebisch • enttäuscht • zärtlich • vertrauensvoll • gutmütig • gemein • passiv • aktiv • grausam

1. Junge: ______________________________

____

2. Junge: ______________________________

____

Vorübergehender: ______________________________

____

4 Vervollständigen Sie die Tabelle und übertragen Sie die Bildebene auf die Sachebene.

Erzähltext	Bildebene	Sachebene
Ausgangssituation		
Figurenkonstellation		
Handlungsverlauf		
Schlusssituation		
Raum/Zeit		
Erzähler		

5 Kreuzen Sie an, welche der folgenden Formulierungen das Thema der Parabel besonders gut erfasst.

☐ In der Parabel „Der hilflose Knabe“ von Bertolt Brecht geht es um das ungleiche Verhältnis zwischen Erwachsenen und Kindern.
☐ Die Parabel „Der hilflose Knabe“ thematisiert die Überlegenheit eines Erwachsenen gegenüber einem Kind.
☐ In der Parabel „Der hilflose Knabe“ von Bertolt Brecht wird die Konsequenz aufgezeigt, die aus Passivität gegenüber einem erlittenen Unrecht resultiert.
☐ Die Parabel „Der hilflose Knabe“ von Brecht zeigt die Ignoranz der Menschen gegenüber dem Leid anderer auf.

6 Erläutern Sie die Funktion des einleitenden Satzes der Parabel.

7 Entscheiden Sie, welche der Aussagen Ihrer Meinung nach hinter den Worten „die Unart, erlittenes Unrecht stillschweigend in sich hineinzufressen“ stecken und formulieren Sie selbst eine Lehre, die der Zuhörer aus der von Herrn K. erzählten Geschichte ziehen kann.

- ☐ Man soll die Ungerechtigkeit bekämpfen.
- ☐ Gegen eine böse Tat sollte man sich wehren.
- ☐ Wenn man Gewalt erleidet, soll man laut um Hilfe schreien.
- ☐ Gegen die Gewalt soll man sich organisieren und nach Schutz suchen.
- ☐ Es lohnt sich nicht, gegen die Ungerechtigkeit zu protestieren.
- ☐ Man soll sich auf niemanden verlassen, weil Menschen böse und betrügerisch sind.
- ☐ Der Schwache verliert immer.
- ☐ Naive Menschen werden oft betrogen.
- ☐ Der Schwache soll so laut wie möglich um Hilfe schreien.
- ☐ Wer Unrecht erleidet, kann sich mithilfe anderer Menschen verteidigen, nach dem Motto „Einigkeit macht stark“.
- ☐ Schwache Leute sind der Arroganz der Stärkeren ausgeliefert.

8 Erläutern Sie, welche der beiden Parabeln (von Tolstoi ☞ S. 50 oder Brecht ☞ S. 52) leichter zu verstehen ist, und begründen Sie Ihre Entscheidung.

Bertolt Brecht (1889–1956)

Bertolt Brecht, geboren 10.02.1898 in Augsburg, gilt als einer der bedeutendsten deutschen Dramatiker des 20. Jahrhunderts. Sein experimentelles Theater übte großen Einfluss auf die Entwicklung des modernen Dramas aus. Zwar studierte er Naturwissenschaften und Medizin in München, doch arbeitete er in erster Linie literarisch. Ende des Ersten Weltkrieges (1918) wurde er als Sanitäter im Militärlazarett eingezogen. Sein Stück „Trommeln in der Nacht“ wurde 1922 in München uraufgeführt. Die Buchausgabe seines ersten Dramas „Baal“ erschien 1920, nachdem es wegen der Befürchtung eines Verbotes zwei Jahre lang nicht gedruckt worden war.

1924 siedelte Brecht nach Berlin über. Zusammen mit Carl Zuckmayer war er als Dramaturg für Max Reinhardt am Deutschen Theater tätig. In sogenannten Lehrstücken erläuterte Brecht ab 1926 auf der Grundlage des Marxismus gesellschaftliche Missstände. 1928 wurde die „Dreigroschenoper“ im Theater am Schiffbauerdamm in Berlin mit großem Erfolg uraufgeführt. Sie kann als erstes Stück des sogenannten epischen Theaters angesehen werden. Darin strebte Brecht nicht mehr die Identifikation der Zuschauer mit seinen Protagonisten an, sondern eine kritische Distanz zum Geschehen auf der Bühne, die er durch Verfremdung (z.B. Sprecher, der das Geschehen kommentiert) erzielte.

Vor Beginn der nationalsozialistischen Herrschaft (ab 1926 bis 1932) entstanden Brechts „Keuner-Geschichten“ (die er 1953, als er in der damaligen DDR lebte, fortsetzte). Am 28. Februar 1933, einen Tag nach dem Reichstagsbrand, verließ Brecht mit seiner Familie Deutschland und begab sich über Prag nach Wien,

in die Schweiz und schließlich nach Dänemark. Während des Exils entstanden viele seiner Gedichte, die fast ausschließlich dem antifaschistischen Kampf gewidmet waren. 1935 wurde Brecht die deutsche Staatsbürgerschaft aberkannt. Er flüchtete schließlich wegen des Einmarsches der deutschen Truppen in Dänemark über Schweden nach Finnland und emigrierte 1941 in die USA.
Nach Abwurf der Atombombe über Hiroshima und Nagasaki im Jahr 1945 änderte Brecht die Konzeption für „Galileo Galilei“. In der ersten Fassung stellte Galilei den unabhängigen Wissenschaftler dar. In der zweiten Fassung wurde aus Galileis Forschertum ein rücksichtsloses Streben, das nur den Machthabern diente. In der dritten, der Berliner Fassung (1956), beklagt Galilei selbst Verantwortungslosigkeit seines Handelns. Nach der amerikanischen Uraufführung in Beverly Hills 1947 wurde Brecht vor das Komitee für unamerikanische Tätigkeit in Washington gerufen. Daraufhin kehrte Brecht 1948 zunächst nach Zürich (Treffen mit Max Frisch), ein Jahr später nach Deutschland zurück. Nachdem ihm die westdeutschen Behörden die Einreise verweigert hatten, ließ er sich in Ostberlin nieder und gründete zusammen mit Helene Weigel das Berliner Ensemble, das u. a. 1949 die „Mutter Courage“ uraufgeführt hatte und ab 1954 im Theater am Schiffbauerdamm residierte. Diese Bühne, in der vor allem Modellinszenierungen von Brecht-Stücken zur Aufführung kamen, wurde in der Folgezeit ein wichtiges Forum für Komponisten wie Hanns Eisler und Paul Dessau sowie für Regisseure wie Erich Engel. 1949 kam als theoretische Schrift das „Kleine Organon für das Theater“ heraus.
Brecht starb 1956 nach einem Herzinfarkt in Ost-Berlin.

9 Notieren Sie zentrale Aussagen zu Brecht und seiner politischen Haltung.

10 Lesen Sie die Parabel „Der hilflose Knabe“ (☞ S. 52) vor diesem Hintergrund noch einmal und ergänzen Sie das Schaubild.

Bildebene: Symbol	**Deutung des Symbols innerhalb der Handlung**	**Sachebene: Lebenswelt**
Vorübergehender	Regierender	erwachsener Mann
Knabe 1		
Knabe 2		
Geldstück		

Die **Textzusammenfassung** ist ein wichtiger Bestandteil der Untersuchung (Analyse) von Sachtexten. Mit der Zusammenfassung wird ein Leser / eine Leserin über die wesentlichen Aspekte eines Textes informiert. Dieses kann in der Textreihenfolge oder in logischer/chronologischer Reihenfolge geschehen oder in Form von **Tabellen, Mind-Maps, Diagrammen** oder anderen **Schaubildern**.

1 Hilfreiche Arbeitsschritte als Vorarbeit einer Textzusammenfassung ausführen

→ **Verschaffen** Sie sich beim **ersten Lesen** einen **Überblick über das Thema**, über inhaltliche und sprachliche **Besonderheiten** und über den **Textaufbau** und **unterstreichen** Sie unbekannte Wörter sowie unklare Stellen.

→ **Klären** Sie **Fachbegriffe. Trennen** Sie **wichtige** von unwichtigen **Informationen.**

→ **Markieren Sie** beim **wiederholten Lesen** zentrale Stellen des Textes und formulieren Sie sie in **Stichworten** auf einem Stichwortzettel, auf dem Sie die Stichwörter unter zusammenfassenden Wendungen oder **Oberbegriffen** gruppieren.

→ **Beantworten** Sie die **W-Fragen** (Wer? – Was? – Wo? – Wann? – Wie? – Warum?).

→ **Gliedern** Sie beim nochmaligen Lesen **in Sinnabschnitte**. Hilfreich dabei ist die Suche nach Stellen, an denen ein **neuer Gedanke** beginnt oder an denen ein **neuer Aspekt** des Themas angesprochen wird.

2 Merkmale für den Aufbau einer Textzusammenfassung beachten

→ **Machen** Sie in der **einleitenden Vorinformation** folgende Angaben zum Text: **Titel, Name des Autors / der Autorin, Thematik bzw. Kernaussage des Textes, Textsorte, Erscheinungsort.**

→ **Stellen** Sie im **Hauptteil** die **wesentlichen Informationen** des Textes in der Reihenfolge im Text oder in der **logischen/chronologischen Reihenfolge dar.** Dazu müssen die Informationen aus dem Text manchmal umgestellt werden.

→ **Gehen** Sie im **Schluss** der Zusammenfassung auf die **Deutung des Textes ein:** Klären Sie dafür folgende Fragen: Um welches Thema geht es im Text? Auf welches Problem verweist der Text? Welche Intention verfolgt der Text?

3 Verfassen der Textzusammenfassung

→ **Informieren** Sie knapp und in **sachlicher Sprache** den Leser / die Leserin.

→ **Kürzen** Sie sprachlich, lösen Sie sich von den Textformulierungen und verdeutlichen Sie die **Zusammenhänge.**

→ **Schreiben** Sie im **Präsens.**

→ **Verwenden** Sie keine wörtliche Rede, sondern wandeln Sie, wenn der Inhalt für das Verständnis notwendig ist, in **indirekte Rede** um oder fassen Sie sinngemäß zusammen.

TIPPS UND QUERVERWEISE

Wegstreichmethode (☞ S. 60), Konjunktiv (☞ S. 70ff.)

ACHTUNG: FEHLERQUELLEN!

Besonders wichtig ist das Beachten der gewählten Reihenfolge, damit der Leser / die Leserin den Gedankengang nachvollziehen kann.

5.1 Merkmale von Sach- und Gebrauchstexten wiederholen

WISSEN

Nicht-fiktionale Texte sind keine von einem Dichter erfundenen Texte, sondern sie beziehen sich auf reale Inhalte. Dieses Merkmal verbindet eine große Vielfalt unterschiedlicher **Sachtexte**. So sind manche reine **Gebrauchstexte** wie Kochrezepte, Bastel- oder Spielanleitungen. Daneben begegnen einem Sachtexte als **journalistische Textsorten** in Zeitungen in **Printform oder in digitaler Form** in Online-Ausgaben von Zeitungen oder anderen Seiten im Internet (Nachricht, Bericht, Reportage etc.). Inhalte dieser Texte sind oft Themen aus Politik, Gesellschaft, Wirtschaft oder Wissenschaft. Dabei können durchaus – durch Darstellung persönlicher Eindrücke oder Meinungen – literarische Züge vorhanden sein.

- Nach ihrer jeweiligen kommunikativen **Intention** unterscheidet man bei Sach- und Gebrauchstexten auch noch zwischen:

informativ		**appellierend/kommentierend**
↓ Darstellung		↓ Argumentation
↓ Information		↓ Erörterung
↓ Instruktion	ausgerichtet auf	↓ Meinungsbildung
⬇ Wissenserwerb	← →	⬇ Überzeugen

- Bei Sach- und Gebrauchstexten kann man auch noch nach ihrer **Form** und **Gestaltung** unterscheiden zwischen:

kontinuierlich	**diskontinuierlich**
↓ durchgehender Fließtext, Leserichtung von links oben nach rechts unten	↓ Auge kann zwischen unterschiedlichen Einstiegsmöglichkeiten und Leserichtungen wählen, z. B. Schaubild, Diagramm, Info-Kasten, Tabelle, Abbildung

1 Geben Sie an, welche Intention (**I** = informieren oder **A** = appellieren) folgende Texte jeweils verfolgen.

___ Gebrauchsanleitung	___ Reportage	___ Leserbrief
___ Biografie	___ Rezension	___ Musikgeschichte
___ Antrag	___ Kommentar	

2 Formulieren Sie, mit welcher Intention der Sachtext auf Seite 58 geschrieben ist.

Mit dem Text verfolgt der Autor die Intention, ______________________________

____

5.2 Einen Sachtext strukturiert zusammenfassen

1 Lesen Sie den folgenden Text zunächst, um sich einen Überblick zu verschaffen.

Oliver Geyer

Schall und Rauch

Nichtrauchergesetz und Schmuggelware machen den Konzernen das Leben schwer. Ausflug in eine gebeutelte Branche.

Im Berliner Admiralspalast haben sich die üblichen Verdächtigen versammelt – also alle, die froh sind, wenn es in Laufweite des Regierungsviertels abends noch etwas zu tun und später auch zu essen gibt: Abgeordnete, Journalisten sowie Mitarbeiter irgendeines Lobbyverbands. Diesmal kommen sie vom DZV, dem Deutschen Zigarettenverband. „Genuss braucht Verantwortung", prangt auf dem am Rande der Bühne aufgespannten Banner, und auch den ausgelegten Werbebroschüren ist diese nebulöse Kernbotschaft zu entnehmen. Doch mehr Zuspruch als das Prospektmaterial finden an diesem Abend die kostenlosen Kippen. Oben auf der Bühne redet der Springer-Journalist Claus Strunz mit dem journalistischen Dampfplauderer Michel Friedmann extra nicht übers Rauchen.

„Diese Veranstaltungen gehören auch zu unserer neuen Policy", sagt Verbandssprecher Peter Königsfeld, während er einen gesunden Obstsalat isst. „Parlamentarische Abende, auf denen immer nur über Zigaretten gesprochen wurde, wird es bei uns nicht geben." Königsfeld erscheint zum Interview im hinteren Teil des Café Einstein Unter den Linden, wo täglich die Interessenvertreter der großen Industrievertreter auf Abgeordnete, Staatssekretäre und Ministerialbeamte einwirken. „Wir wollen keine Politik hinter verschlossenen Türen machen", sagt Königsfeld, der früher bei der „Bild"-Zeitung arbeitete, „wir sind eine kritische Branche, aber in die Schmuddelecke lassen wir uns nicht stellen."

Königsfeld vertritt die Interessen von fünf großen Tabakunternehmen in Deutschland, die auf einen gemeinsamen Marktanteil von 60 % kommen. Er stellt sein tägliches Wirken ganz in den Dienst der Zigarette, eines Produktes, das die sichere Abkürzung in Richtung Tod bietet. So sehen das zumindest die Kritiker. Die „Antis", wie Königsfeld sie gelegentlich nennt. Etwa 650.000 Menschen sterben laut einer Veröffentlichung der Europäischen Kommission aus dem Mai dieses Jahres allein in der EU jährlich an den Folgen des Tabakkonsums. Die Weltgesundheitsorganisationen WHO beziffert die Menschen, die in der 53 Staaten umfassenden Europäischen WHO-Region pro Jahr an den Folgen des Tabakkonsums sterben, auf 1,6 Millionen pro Jahr, weltweit rafft das Nikotin pro Jahr mehr als fünf Millionen von den mehr als eine Milliarde Rauchern dahin.

„Mich reizt die Herausforderung, für eine Branche zu arbeiten, in der ich den Wind massiv von vorne bekomme", so Königsfeld, „wo es gilt, im Spannungsfeld von legalen und illegalen Drogen klar Stellung zu beziehen."

Kommen-wir-zur-Sache-mäßig schiebt Peter Königsfeld seinen Obstsalat beiseite. „Zigaretten sind ein schwieriges Produkt, das mit Vorsicht zu genießen ist. Und deshalb braucht man Aufklärung, genau wie bei Alkohol, Lotto und Computerspielen. Da übernehmen wir Verantwortung, aber gleichzeitig ist auch klar: Wir sind ein Industrieverband, der ein legales Produkt vertreibt, mit einem klaren wirtschaftlichen Interesse. Noch einmal: Ein legales Produkt braucht auch Spielraum für Werbung." „Noch einmal", sagt Herr Königfeld oft. Wie jemand, der ständig annehmen muss, dass die Menschen ihn nicht verstehen wollen.

Die Branche macht harte Zeiten durch – weltweit. Vorbei die Jahre, als der Zeitgeist und die Tabakbranche noch an einem Strang zogen. In Talkshows waren vor lauter Zigarettenrauch die Talkgäste kaum zu erkennen, und in der Reklame stimmte das süße Cartoon-Kamel von Camel die Kleinsten schon mal röhrend auf die Genüsse des Erwachsenseins ein. Der Zigarettenautomat hing gleich draußen an der Schule. Davon ist nicht viel übrig geblieben: ein bisschen Reklame im Kino, auf Plakaten und an den Verkaufspunkten, die traurig gegen die martialischen Warnhinweise auf den Packungen anwirbt – Bildhinweise mit Raucherbeinen und Krebsgeschwulsten sind schon geplant. „Wir wollen das Rad der Zeit gar nicht zurückdrehen. Aber wir appellieren an den Staat, es dabei jetzt auch zu belassen", sagt Königsfeld.

Strenge Nichtrauchergesetze gibt es mittlerweile selbst in Ländern wie Irland oder Italien, wo die Menschen früher mit der Kippe an der Fleischtheke standen. Und in Deutschland darf seit Neuestem nicht mal mehr in bayerischen Bierzelten geraucht werden.

Griffen im Jahr 2001 noch 27 Prozent der Jungen und 28 Prozent der Mädchen zwischen 12 und 17 zur Kippe, sind es heute nur noch 15 beziehungsweise 16 Prozent. Von 145,1 Milliarden im Jahr 2002 fiel die Zahl der verkauften versteuerten Zigaretten auf 86,6 Milliarden in 2009.

Schuldige dafür hat der DZV schon ausgemacht. Auf seiner Website liest man viel vom zunehmenden Zigarettenschmuggel und den steigenden Tabaksteuern. Knapp 13,4 Milliarden Euro hat der Staat im vergangenen Jahr kassiert, und nur zu gern werden neue Löcher im Bundeshaushalt mit weiterem Geld der Raucher gestopft.

Obwohl der Verband viel von Verantwortung spricht, sucht man wissenschaftliche Studien zur Gesundheitsgefährdung durch das Rauchen auf der Website vergeblich: „Das ist auch die Policy des neuen Verbandes", sagt Königsfeld. „Wir lassen uns nicht auf einen Gutachterstreit ein. Es würde wenig Sinn machen, da ein medizinisches Gutachten hinzustellen, das, grob formuliert, sagt: ‚Rauchen ist nicht schädlich.' Egal welches Gutachten wir vorlegen würden, wir bekämen immer vorgehalten, dass wir dieses Gutachten gekauft hätten. Sie können jedes medizinische Gutachten mit einem zweiten aushebeln. Diesen Streit kann keiner gewinnen."

Entsteht nicht der Eindruck von Unbedenklichkeit, wenn man beim DZV überall „Genuss braucht Verantwortung" liest, aber kein Wort über die Gesundheitsschädlichkeit? Peter Königsfeld rührt in seinem Tee. „Wir wenden uns nur an erwachsene, aufgeklärte Konsumenten", antwortet er wie gedruckt. „Denen trauen wir zu, das frei zu entscheiden. Wir beide wissen, dass übermäßiger Alkoholkonsum oder zu viel fetthaltiges Essen auch nicht gut für eine ausgewogene Ernährung sind." Aber was sagen Sie den immerhin 15 Prozent der Jugendlichen, die das Rauchen eher irrational als symbolische Abkürzung zum Erwachsenwerden sehen? „Da setzen wir auf verantwortungsvolle Eltern, die ihre Kinder über die Gefahren aufklären. Mein Vater war da ganz pragmatisch. Er hat mich probieren lassen, und ich habe dann, auf Deutsch gesagt, gekotzt. Damit war das Thema für mich durch. Unsere Message an Jugendliche ist, gar nicht erst anzufangen."

Bonn 2010

2 Formulieren Sie eine einleitende Vorinformation für den Text.

3 Wählen Sie aus den Möglichkeiten, einen Text zusammenzufassen und zu erschließen, die geeignete Strategie für „Schall und Rauch" aus und wenden Sie sie an.

WISSEN

Strategien zum Zusammenfassen und Erschließen von Texten

A) Wegstreichmethode

Mithilfe dieser Strategie kann man wichtige Informationen von unwichtigen trennen.

→ Streichen Sie alle ausschmückenden Elemente und Nebensächlichkeiten durch.

→ Bilden Sie aus den übriggebliebenen Satzfragmenten neue Sätze zum Zusammenfassen des Textes.

B) Comic- oder Bildmethode

Nur wenn man einen Text gut verstanden hat, kann man ihn richtig, für andere verständlich zusammenfassen. Dabei hilft diese Methode, bei der man den Text, wie ein Regisseur einen Film, in einzelne Szenen zerlegt.

→ Gliedern Sie den Text in Abschnitte, in „Bilder" (Handlungsschritte). In der Regel erkennt man diese Textabschnitte an einem oder mehreren der folgenden Punkte: Wechsel des Schauplatzes, Zeitsprung, Auftritt neuer Personen, neu einsetzendes Ereignis.

→ Formulieren Sie zu jedem „Bild" eine passende Überschrift.

→ Notieren Sie stichwortartig, was in den einzelnen Bildern passiert.

→ Schreiben Sie mithilfe Ihrer Stichwörter eine Zusammenfassung des Textes.

C) Markierungsmethode

Mithilfe dieser Methode kennzeichnet (unterstreicht, markiert ...) man alle Textstellen (Ort, Zeit, Personen ...), die zum Verstehen des Textes wichtig sind. Die Kennzeichnungen bilden die Grundlage für die Formulierung der eigenen Sätze. Man braucht einen Textmarker, einen Bleistift und einen roten Buntstift.

→ Lesen Sie den Text zunächst, unterschlängeln Sie mit Bleistift unbekannte oder unklare Begriffe. Schlagen Sie diese nach, wenn Sie sie beim weiteren Lesen nicht aus dem Sinnzusammenhang erschließen können.

→ Lesen Sie den Text ein zweites Mal. Markieren Sie die wichtigen Begriffe (Schlüsselbegriffe) und unterstreichen Sie die Erklärungen rot.

→ Gliedern Sie den Text in Abschnitte und machen Sie die Abschnitte im Text sichtbar (Begriffe an den Rand schreiben).

→ Notieren Sie Stichpunkte am Rand, die den Inhalt der Abschnitte wiedergeben. Nutzen Sie dafür die Schlüsselbegriffe.

→ Kennzeichnen Sie Stellen, die auf W-Fragen antworten, mit entsprechenden Fragepronomen.

D) Fragemethode

Nach dem Lesen des Textes notiert man mithilfe von Fragen (siehe unten) wesentliche Einzelheiten eines Textes zur Erstellung eines Schreibplans. Dann überprüft man seine Stichpunkte und formuliert im Anschluss daran anhand der Stichpunkte eigene Sätze.

Personen: Welche Personen treten auf? Wer sind die wichtigen und die unwichtigen Personen? Welche Verhaltensweisen lassen sich erkennen und beschreiben?

Zeit: Wann spielt die Handlung? Gibt es Zeitsprünge? Ist die Zeit wichtig für den Inhalt?

Ort: Wo bzw. an welchem Ort spielt die Handlung? Wechselt der Ort im Verlauf der Handlung? Ist der Ort wichtig für die Handlung?

4 Wählen Sie für den Text „Schall und Rauch" aus den folgenden Möglichkeiten (☞ S. 61) eine geeignete Form der Strukturierung aus.

→ Fassen Sie mithilfe dieser die wesentlichen Informationen zusammen

- über Zahlen von jugendlichen Rauchern und ihren Gründen zu rauchen oder
- über die Arbeit des DZV.

WISSEN

Visualisierung von Textstrukturen

Bei der **Zusammenfassung** komplexer **Sachverhalte** und **Zusammenhänge** bietet es sich an, den Inhalt in einer **strukturierten Form** zu **visualisieren**, um

- so den Inhalt auf das Wesentliche zu reduzieren,
- sich in übersichtlicher Form immer wieder über den Sachverhalt zu informieren.

Zwischen folgenden **Visualisierungsformen** kann man wählen:

Mindmap

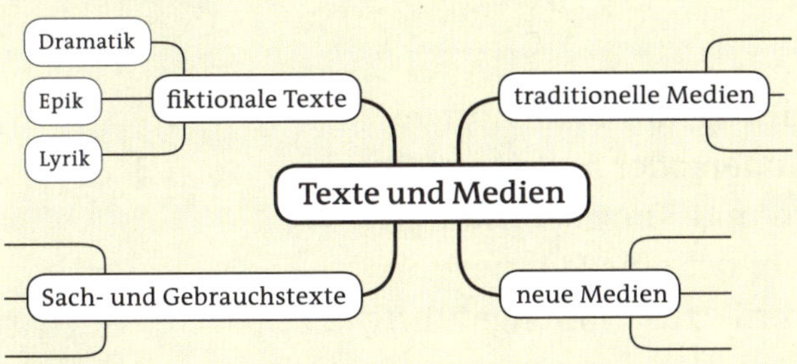

Zeitleiste

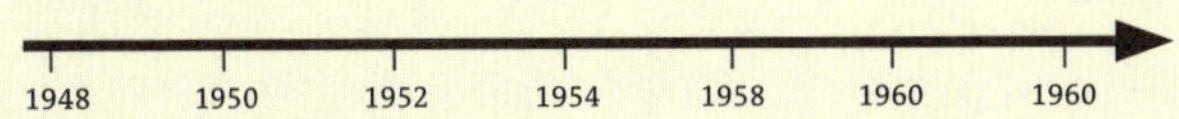

Flussdiagramm

Tabelle

Oberbegriff					

Säulendiagramm

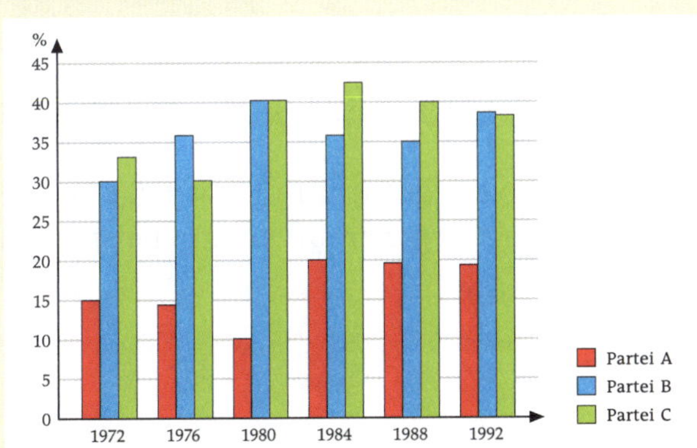

Strukturdiagramm

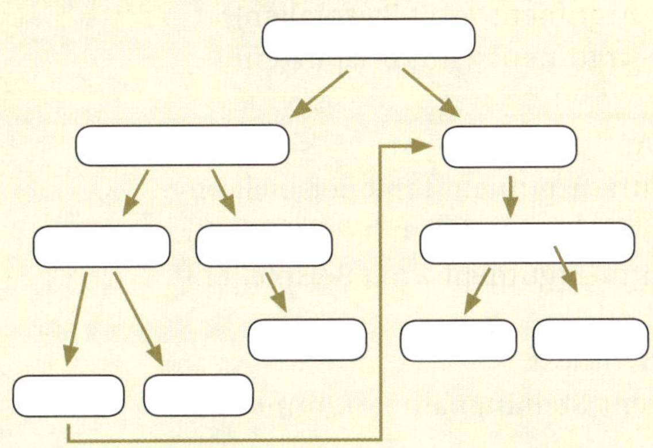

Wichtig ist es, darauf zu achten, dass

- die **Visualisierungen übersichtlich** bleiben (nicht zu viel Text o. Ä.).
- die geeignete Visualisierung für den jeweiligen Zweck gewählt wird (inhaltliche Abläufe = Flussdiagramm, inhaltliche Zusammenhänge = Strukturdiagramm, zeitliche Abläufe = Zeitstrahl etc.).

Jedes strittige Thema und jede offene Frage kann man von mehreren Seiten (Standpunkten) beleuchten, bevor man endgültig Stellung dazu nimmt. Eine gelungene Argumentation besteht aus den **„3Bs“**:

Behauptung **(These)** → Begründung **(Argument)** → Beispiel (Veranschaulichung des Arguments)

und/oder

→ Beleg (Absicherung)

Die schriftliche Form der Argumentation ist die **Erörterung**, die dabei hilft, einen Sachverhalt zu klären, eine Entscheidung zu begründen oder herbeizuführen. Die **dialektische Erörterung** berücksichtigt im Pro-und-Kontra-Verfahren mögliche Gegenargumente gleich mit. Den Abschluss bildet eine Synthese, in der Pro und Kontra zu einer persönlichen Stellungnahme zusammengeführt werden.

Formaler Aufbau einer dialektischen Erörterung (Gliederung):

Möglichkeit A:
Gliederung in Pro- und Kontra-Block

1. **Einleitung**

2. **Hauptteil**

2.1 These
Pro-Argument 1 mit Beispiel(en)
Pro-Argument 2 mit Beispiel(en)
Pro-Argument 3 mit Beispiel(en)
...
2.2 Antithese
Kontra-Argument 1 mit Beispiel(en)
Kontra-Argument 2 mit Beispiel(en)
Kontra-Argument 2 mit Beispiel(en)
...
2.3 Synthese
(eigene Stellungnahme, Kompromiss)

3. **Schlussteil**

Möglichkeit B:
Gliederung nach Einzelargumenten

1. **Einleitung**

2. **Hauptteil**

2.1 These — 1. Argument mit Beispiel(en)
Antithese — 1. Gegenargument mit Beispiel(en)

2.2 These — 2. Argument mit Beispiel(en)
Antithese — 2. Gegenargument mit Beispiel(en)

2.3 These — 3. Argument mit Beispiel(en)
Antithese — 3. Gegenargument mit Beispiel(en)

2.4 Synthese

3. **Schlussteil**

so geht's

1 Das Thema erfassen

→ **Verschaffen** Sie sich **Sachinformationen** zum Thema. **Werten Sie** Zeitungen, Zeitschriften, Sachbücher, das Internet oder andere seriöse Informationsquellen **aus** oder **befragen** Sie Experten bzw. Betroffene.

2 Die Stoffsammlung ordnen und gliedern

→ **Bringen** Sie nach der **Stoffsammlung** die gefundenen **Punkte** in eine sinnvolle und **übersichtliche Ordnung**. Unterstreichen oder nummerieren Sie Zusammengehöriges mit der gleichen Farbe oder verwenden Sie grafische Zeichen wie Pfeile oder Kreise, um eine logische Ordnung zu schaffen.

→ **Erstellen** Sie die **Gliederung** nach **Wichtigkeit** der Argumente. **Achten** Sie darauf, dass die **Begriffe** der formalen Vorgaben (z. B. Einleitung, Hauptteil, erster Aspekt usw.) **nicht in der eigentlichen Gliederung** erscheinen. **Formulieren** Sie auch alle Gliederungspunkte **einheitlich**, d. h. in der Regel nominal.

3 Die Erörterung schreiben und überprüfen

→ **Verfassen** Sie eine **Einleitung** (Erläuterung des Themas, Bezugname auf eigene Erfahrung, aktuelle Statistik, Zitat oder Sprichwort, kurzer historischer Rückblick), die **Aufmerksamkeit** weckt und **zum Lesen** animiert.

→ **Formulieren** Sie am Ende das **Thema in Frageform**.

→ **Formulieren** Sie einen **Schluss**, der das Thema abrundet und nicht zu lang ist. Stärken Sie durch Erfahrungen aus dem eigenen Lebensbereich Aussagen oder schränken Sie sie ein, spannen Sie durch Rückbezug auf die Einleitung einen Bogen oder geben Sie einen Ausblick in die Zukunft.

→ **Sichern** Sie mit **verschiedenen Verfahren** Ihre Argumente ab: **überprüfbare Beweise, Autoritäten, allgemeingültige Normen, mögliche Folgen** oder **logische Schlüssigkeit. Belegen** Sie mit treffenden Beispielen oder Belegen.

→ **Verknüpfen** Sie **durch Überleitungen** die einzelnen Argumente und Abschnitte miteinander. Die Argumentation erscheint dadurch flüssiger und überzeugender. Notieren Sie dazu am **Rand** Ihres Entwurfs an den jeweiligen Übergängen von einem Gedanken zum nächsten ein großes „Ü".

→ **Überarbeiten** Sie mithilfe der **Checkliste** auf Seite 65 Ihre Erörterung.

TIPPS UND QUERVERWEISE

Zeichensetzung bei Satzgefügen (☞ S. 95f.), Überarbeiten (☞ S. 69)

ACHTUNG: FEHLERQUELLEN!

Die Überarbeitung der Erörterung ist von großer Bedeutung. Nur wenige Fehler können am Ende noch korrigiert werden (etwa Rechtschreibung oder Zeichensetzung), andere müssen bereits während der verschiedenen Arbeitsphasen ausgebessert werden. Dabei hilft die Checkliste. (☞ S. 65)

6.1 Eigene Argumentationen entwickeln

1 „Hat die Jugend von heute die falschen Wertvorstellungen – ja oder nein?" Bestimmen Sie bei den stichpunktartigen Argumenten jeweils, ob sie Pro oder Kontra sind. Kreuzen Sie entsprechend an.

	pro	kontra
• höhere Gewaltbereitschaft	☐	☐
• frühe Selbstständigkeit	☐	☐
• großes Wissen durch Mediengebrauch	☐	☐
• kein Interesse für die Politik	☐	☐
• hoher Stellenwert von Familie und Freundschaft	☐	☐
• viele Schulabbrecher	☐	☐
• ständiger Medienkonsum	☐	☐
• großes Kritikbewusstsein	☐	☐

2 Formulieren Sie die Stichpunkte zu Argumenten aus und schreiben Sie sie tabellarisch und nach ihrer Wichtigkeit geordnet in Ihr Heft.

3 Arbeiten Sie jeweils die zwei wichtigsten Pro- und Kontra-Argumenten vollständig in Ihrem Heft aus:
Behauptung – Begründung – Beispiel/Beleg

4 Kreuzen Sie den Einleitungssatz, den Sie zum Thema „Hat die Jungend von heute die falschen Wertvorstellungen – ja oder nein?" am gelungensten finden, und den, der Ihnen wenig geeignet erscheint, an. Begründen Sie jeweils.

☐ Die meisten Jugendlichen heutzutage sind vielseitig interessiert.
☐ Viele Jugendliche haben ein großes Sortiment an Medien zur Verfügung, die natürlich auch sehr viele Vorteile mit sich bringen.
☐ Vor Kurzem veröffentlichte Ergebnisse aus einer Studie zeigen, dass das Wertesystem der Jugendlichen insgesamt positiv und stabil ist.
☐ Eigentlich verstehe ich die ganze Aufregung um dieses Thema nicht.

Begründung für die misslungene Einleitung:

____

____

____

Begründung für die gelungene Einleitung:

____

____

____

5 Verfassen Sie einen Schlussteil zu der Erörterung, in dem Sie Ihre Meinung zur Themenfrage zum Ausdruck bringen.

6 „Hat die Jungend von heute die falschen Wertvorstellungen – ja oder nein?“ Schreiben Sie eine dialektische Erörterung in Ihr Heft, mit der Sie sich auf eine Podiumsdiskussion mit Vertretern aus Schule, Politik und Elternschaft vorbereiten können.

7 Überprüfen Sie Ihre Erörterung mithilfe der Checkliste. Kreuzen Sie an, was zutrifft und überarbeiten Sie die Dinge, die Sie noch nicht ankreuzen konnten. Wenn Sie unsicher sind, ziehen Sie ein Wörterbuch hinzu.

	ja	nein
Fehlerquellen im inhaltlichen und formalen Bereich:		
• Die Gliederung ist formal und stilistisch einheitlich (Nummerierung).	☐	☐
• Die Argumentation ist vollständig (3 Bs).	☐	☐
• Die Beispiele oder Belege sind geeignet und überzeugend.	☐	☐
• Überleitungen sind vorhanden.	☐	☐
• Ausführung und Gliederung stimmen überein.	☐	☐
• Einleitung und Schluss sind vorhanden und weder zu kurz noch zu lang.	☐	☐
Fehlerquellen im orthografischen Bereich:		
• Die Rechtschreibung stimmt.	☐	☐
• Die Kommas, vor allem in und am Ende von Nebensätzen, sind korrekt gesetzt.	☐	☐
Fehlerquellen im sprachlichen Bereich:		
• Die Wortwahl ist geeignet (besonders im Hinblick auf die Adressaten!).	☐	☐
• Der Ausdruck passt zur Thematik (nicht zu umgangssprachlich, aber auch nicht zu gezwungen) und ist klar und sachlich.	☐	☐

6.2 Textgebunden argumentieren

1 Lesen Sie den Text.
→ Klären Sie mithilfe eines Lexikons Ihnen unbekannte und aus dem Kontext nicht zu erschließende Wörter.
→ Wählen Sie aus dem Speicher die Überschrift aus, die das Thema kurz und prägnant erfasst.

Jugend und Politik • Erschütterung der Demokratie durch desinteressierte Jugendliche • Verändertes politisches Verhalten der Jugend • Schwindendes Interesse der Jugend an Politik • Mangelndes Vertrauen der Jugend in die Politik

Der Rückgang des politischen Interesses der jungen Generation birgt die Gefahr, dass durch das Schwinden von gemeinnützigem und uneigennützigem Engagement in Verbänden, Parteien und Vereinen und anderen das Fundament der Demokratie zusehends erodiert. Viele Studien warnen aber vor einem vorschnellen Urteil. Möglicherweise ist die junge Generation sehr wohl sozial engagiert und politisch interessiert, nur verlässt sie dabei bisher gebräuchliche Pfade. Die Studien zeigen: Eine große Mehrheit der Jugendlichen hält die Demokratie für die am besten geeignete Staatsform. Was sie kritisieren oder ablehnen, ist die reale Umsetzung dieser Staatsform. Nach den vorliegenden Studien ist keine allgemeine „Politikverdrossenheit" zu verzeichnen, sondern eher eine „Politiker- und Parteienverdrossenheit". In der Wahrnehmung der Jugendlichen haben Politiker und Parteien den Bezug zu ihrer „Basis", zu den Bürgern, verloren. „Nicht die Jugendlichen sind an Politik desinteressiert, sondern sie unterstellen im Gegenteil, dass die Politik nicht an ihnen interessiert ist" (Shell Jugendstudie 1997, S. 17). In den Augen vieler Jugendlicher setzen sich Politikerinnen und Politiker nicht mehr für die unmittelbaren Belange und Interessen ihrer Wähler ein. Eine effektive Problemlösung zur Bewältigung aktueller gesellschaftlicher Krisen lassen Parteien und Politiker nicht erkennen. Sie können der jungen Generation keine positiven Zukunftsvisionen anbieten, die helfen könnten, Orientierungsverunsicherungen, „Sinnkrisen", kulturelle oder wirtschaftliche „Durststrecken" zu überwinden. Aus dieser Wahrnehmung von Politik und Regierungstätigkeit heraus haben viele Jugendliche ein distanziertes Verhältnis zu Parteien, aber auch zu ähnlich organisierten gesellschaftlichen Institutionen wie beispielsweise zu Gewerkschaften und Vereinen entwickelt. Untersuchungen zur politischen Beteiligung von Jugendlichen bestätigen nicht ein generelles Desinteresse an Politik, sondern eine Umorientierung bei der Auswahl der Organisationsform des Engagements. Repräsentativen Studien zufolge verlieren traditionelle Verbände und Vereine kontinuierlich junge Mitglieder. Seit Ende der 80er Jahre ist der Anteil der Jugendlichen, die in Sportvereinen, Jugendverbänden, kirchlichen Gruppen, Gewerkschaftsorganisationen und politischen Parteien eingebunden ist, weiter zurückgegangen. Im Gegensatz dazu verzeichnen punktuelle politische Events und Aktionen, die keine verbindliche und längerfristige Mitgliedschaft voraussetzen, wie Demonstrationen oder öffentliche Diskussionen und Unterschriftensammlungen eine etwas höhere Attraktivität für die Jugendlichen. Bei diesen Aktivitäten können sich Jugendliche themen- oder projektbezogen unmittelbar einbringen, ohne langfristig verpflichtende Bindungen eingehen zu müssen oder von starren Strukturen behindert zu werden. Auch die oft unkonventionelle Art und Weise solcher Gruppierungen, ihre Inhalte zu transportieren, wirkt auf junge Leute ansprechend. Ein Engagement Jugendlicher speist sich heute kaum mehr aus einem Gefühl der Verpflichtung innerhalb traditioneller Gemeinschaftsbindungen, Jugendliche handeln im Wesentlichen aus Eigeninteresse mit dem Ziel der Selbstentfaltung. Möglicherweise sind Jugendliche unmittelbarer als viele andere Bevölkerungsgruppen von gesellschaftlichen

Veränderungen betroffen. Sie wachsen in globale Problemlagen hinein, mit denen sie in Zukunft werden leben müssen. Sie sind verunsichert, sie haben Sehnsüchte und wollen ihre Gefühle auch in ihre Aktivitäten einbringen. Vielleicht ist das der Grund, weshalb Jugendliche Politik ganzheitlich verstehen: In ihrer Auffassung von Politik spielen Emotionen, persönliche Bedürfnisse und eigene Interessen eine mindestens ebenso große Rolle wie sachliche Überlegungen und vernunftorientierte Entscheidungen. Insofern kommt Jugendlichen die Funktion von „politischen Seismographen" zu: Ihre Tendenzen signalisieren, wo künftige Chancen und Probleme liegen. Sie sind Vorreiter für eine neue Auffassung von Politik, die sich mittelfristig auf breiter Ebene durchsetzen könnte. Die Kritik der jungen Generation nicht ernst zu nehmen und auf ihre Bedürfnisse nicht einzugehen, birgt nicht nur die Gefahr einer weiter fortschreitenden Abwendung der Jugend von der etablierten Politik, letztlich gefährdet dies sogar den Fortbestand der Demokratie selbst. Wenn Politikerinnen und Politiker es nicht schaffen, die veränderten Anforderungen der Jugendlichen an Politik und gesellschaftliche Partizipation zu erkennen und aufzugreifen, können sie die junge Generation sukzessiv in eine soziale Randposition treiben oder diejenigen, die schon distanziert sind, noch weiter abdrängen. Diese Distanzierung wird sich als völliger Rückzug in die Privatheit, als Flucht in Radikalismus, als eine Konzentration auf Individualität, Konsum oder den Schutz der bedrohten Identität äußern. In Ansätzen sind all diese Tendenzen bereits zu beobachten.

Quelle: 14. Shell Jugendstudie 2002 von Klaus Hurrelmann et al, Frankfurt/Main, 2002

2 Teilen Sie den Text in Sinnabschnitte (//).
→ Geben Sie jedem Abschnitt eine Überschrift.
→ Markieren Sie die Kernthesen.
→ Unterstreichen Sie Argumente, die diese Thesen stützen.

Überschriften: ______________________________

____

3 Geben Sie die Kernthesen in einfachen Hauptsätzen wieder.
→ Notieren Sie die dazugehörigen Argumente stichpunktartig mit eigenen Worten.

These:	Argumente
1.	
2.	
3.	
...	

4 Kontrollieren Sie mithilfe Ihrer Notizen, welche der folgenden Behauptungen dem Text genauso oder in ähnlicher Formulierung zu entnehmen sind.
→ Ergänzen Sie bei zutreffenden Aussagen jeweils die entsprechenden Zeilenangaben der Textstelle, wo die Aussage zu finden ist, oder erläutern Sie Abweichungen.

1. Die junge Generation engagiert sich nicht mehr in Parteien, Vereinen und Verbänden.
2. Die Jugendlichen sind mit der Staatsform *Demokratie* mehrheitlich unzufrieden.
3. Die Politiker wissen nicht genau, was die Bürger tatsächlich interessiert.
4. Die Jugendlichen von heute leiden unter Orientierungslosigkeit und stecken in einer Sinnkrise.
5. Gewerkschaften und Vereine sind ähnlich organisiert wie Parteien und stoßen deshalb auf Ablehnung bei den Jugendlichen.
6. Die Jugendlichen wollen in politischer Hinsicht keine längerfristigen Bindung eingehen, weil sie sich nicht festlegen wollen.
7. Die Jugendlichen von heute sind große Egoisten und setzen sich nicht mehr für das Wohl der Allgemeinheit ein.
8. Jugendliche gehen auch emotional an politische Themen heran.
9. Die Jugendlichen gefährden mit ihrer Einstellung den Fortbestand der Demokratie.

WISSEN

In einer **textgebundenen Erörterung** setzt man sich kritisch mit der Argumentation eines Sachtextes (z. B. Zeitungsartikel) auseinander. Hier werden also Textaussage und eigene Meinung miteinander verknüpft. Dabei können Ideen für das Thema aus dem Text entnommen, um eigene Gedanken ergänzt und zu einer vollständigen Erörterung ausgearbeitet werden.
Ein besonderer Stellenwert kommt dem gründlichen **Erschließen** des **Textes** zu. Hilfreich ist das

- **Unterteilen** des **Textes** in **Abschnitte**.
- **Formulieren** von **Überschriften**.
- **Notieren der Argumente** am Rand, damit die dargestellte **Argumentation** des Textes in ihrem **gedanklichen** und **sprachlichen Aufbau** herausgearbeitet wird.

Die Argumentationsweise des Textes sollte anhand der allgemeinen Regeln von Argumentationen (☞ S. 62f.) kritisch überprüft werden. Stichpunkte zum **eigenen Standpunkt** gegenüber der Fragestellung des Textes sind eine hilfreiche Vorarbeit.

5 Schreiben Sie die Einleitung für eine textgebundene Erörterung zum Text „Jugend und Politik“, die folgende Aspekte im Hinblick auf den Text enthält:

- Informationen zur Textquelle (Titel, Textsorte, Verfasser, Erscheinungsort und -jahr)
- kurze Nennung des Inhalts bzw. der Kernaussage
- Themenfrage

6 Fassen Sie in Ihrem Heft zusammen, welche Bedeutung die Politik für die Jugend heute hat. Stützen Sie sich dabei auf den Text.

7 Notieren Sie tabellarisch weitere Argumente zum Thema „Politikverdrossenheit bei Jugendlichen – Wahrheit oder Lüge?".
→ Ordnen Sie steigernd nach Wichtigkeit an oder nummerieren Sie die Argumente im Nachhinein entsprechend durch.

8 Formulieren Sie mithilfe dieser Argument-Tabelle ein Fazit für eine textgebundene Erörterung zum Text „Politikverdrossenheit bei Jugendlichen – Wahrheit oder Lüge?" in Ihrem Heft.

9 „Politikverdrossenheit bei Jugendlichen – Wahrheit oder Lüge?"
Schreiben Sie mit dem Computer einen Text für die Schülerzeitung, in dem Sie sich auf die Argumentation des Textes beziehen und Ihre Einstellung dazu deutlich herausstellen, weil Sie Schüler und Schülerinnen sowie Lehrer und Lehrerinnen von Ihrer Meinung überzeugen möchten.

10 Kontrollieren Sie anhand der folgenden Kriterien, ob Ihre textgebundene Erörterung korrekt und vollständig ist.
→ Kreuzen Sie Vorhandenes an und überarbeiten Sie gegebenenfalls den Text noch einmal.

Meine Einleitung ist korrekt und vollständig:

- ☐ Max. 3–4 Sätze
- ☐ Informationen zur Textquelle (Titel, Textsorte, Verfasser/Verfasserin, Erscheinungsort und -jahr)
- ☐ Zuordnung des Textes zur Textsorte
- ☐ Kurze Nennung des Inhalts (was?) / der Kernaussage
- ☐ Kurze Hinführung zum Problem (z. B. über einige Leitfragen des Textes)

Im Hauptteil habe ich …

- ☐ die Argumentation des Autors wiedergegeben und sie mit eigenen Worten erläutert.
- ☐ mich im Anschluss daran kritisch mit den Argumenten auseinandergesetzt und stützende oder gegensätzliche Argumente angeführt.
- ☐ die Wiedergabe der Argumentation des Autors durch meine sprachliche Gestaltung klar von meiner Stellungnahme unterschieden (z. B. durch korrekten Modusgebrauch).

Meine Argumentation ist logisch:

- ☐ Zusammenhänge werden mit Satzverbindungen, die die Abläufe zeitlich richtig einordnen oder Gründe angeben, verdeutlicht.
- ☐ Beispiele oder Belege sind überzeugend.
- ☐ Bei einem neuen Gedanken / einem neuen Argument beginnt ein neuer Absatz.

Im Schlussteil habe ich …

- ☐ die wichtigsten Punkte des Hauptteils noch einmal zusammengefasst.
- ☐ eine eigene Stellungnahme formuliert.
- ☐ bei der Stellungnahme darauf geachtet, abwechslungsreiche sprachliche Wendungen zu benutzen *(andererseits bin ich der Meinung, dass …, am Ende meiner Ausführungen widerspreche ich …, außerdem sehe ich dieses anders, weil …)* und Satzgefüge zu bilden.

Ich habe …

- ☐ Präsens (Gegenwart) oder Perfekt (Vorzeitigkeit zur Gegenwart) benutzt.
- ☐ die indirekte Rede an entsprechender Stelle eingesetzt und (Konjunktiv I) richtig gebildet.
- ☐ eigene Formulierungen benutzt.
- ☐ sachlich geschrieben.
- ☐ Überleitungen geschaffen.
- ☐ den Schluss (Fazit) nicht zu kurz oder zu lang gestaltet.
- ☐ den Bezug zum Text immer wieder hergestellt.
- ☐ die Rechtschreibung kontrolliert.
- ☐ die Zeichensetzung besonders bei Nebensätzen beachtet.

so geht's

Mithilfe der Aussageweisen des Verbs, dem **Modus** (Plural: Modi), kann ein Schreiber seine Absichten genau kenntlich machen bzw. ein Leser auf die Absicht des Schreibers schließen.

1 Den Modus erkennen

→ **Klären** Sie beim Lesen, welcher **Modus** verwendet wird, indem Sie sich zunächst die Bildung der Verben anschauen. Der **Indikativ** (Wirklichkeitsform) ist die Grundform sprachlicher Äußerungen: *Präsens: er geht – Präteritum: er ging.* Der **Konjunktiv** (Möglichkeitsform) kommt als *Konjunktiv I: er gehe* oder als *Konjunktiv II: er ginge* vor. Darüber hinaus gibt es den **Imperativ** (Befehlsform), den Sie auch am Ausrufezeichen erkennen können: *Singular: Geh! – Plural: Geht!*

2 Konjunktiv I und II unterscheiden

→ Den **Konjunktiv I** verwenden Sie, wenn Sie **Wünsche** *(Lebet in Glück!)*, **Ausrufe** *(Er lebe hoch!)*, **Aufforderungen** *(Man nehme drei Eier...)* oder die **indirekte Rede** *(Sie sagt, sie habe für die Arbeit gelernt.)* zum Ausdruck bringen wollen. Der Konjunktiv I kann im Präsens, im Perfekt und im Futur stehen. Häufig steht er in festen Wendungen, Anleitungen oder Anweisungstexten (Kochrezept ...).

→ Wenn Sie **gedankliche Vorstellungen** *(Stell dir vor, es gäbe heute Ferien.)* oder **unerfüllbare Wünsche** *(Wenn ich heute tausend Euro auf der Straße fände, ginge ich einkaufen.)* verdeutlichen möchten, benutzen Sie den **Konjunktiv II**. Er kann im Präteritum und Plusquamperfekt stehen. In **höflichen Aufforderungen** oder **vorsichtigen Feststellungen** finden Sie ihn ebenfalls *(Hätten Sie ein Glas Wasser für mich? Ich würde dafür stimmen, dass ...)*. Wenn die Verbform nicht vom Präteritum zu unterscheiden ist oder veraltet klingt, können Sie mit **würde + Infinitiv** umschreiben *(es begänne – es würde beginnen)*.

3 Besonderheiten beim Wechsel von direkter zu indirekter Rede beachten

→ **Verwenden** Sie den **Konjunktiv I** für die indirekte Rede *(Marie sagte ihm, er solle sich zum Teufel scheren)*. Wenn Indikativ und Konjunktiv I gleich sind, benutzen Sie Konjunktiv II bzw. *würde* + Infinitiv, um Missverständnisse zu vermeiden.

→ **Verändern** Sie beim Umformen in die indirekte Rede auch die **Personalpronomen** und **Orts-** und **Zeitangaben** *(„Ich komme morgen hierher." → Franz sagte, **er** komme am nächsten Tag **dorthin**)*.

→ **Beachten Sie:** Wenn die indirekte Rede durch Redeeinleitung und die Konjunktion **dass** eindeutig als indirekte Rede erkennbar ist, kann auch der Indikativ verwendet werden *(Sie sagte, dass er sich zum Teufel scheren soll.)*.

→ **Verwenden** Sie zum Ausdrücken von **Vorzeitigkeit** eine **Perfektform**.

→ **Entscheiden** Sie bei der Umwandlung einer direkten Rede immer, ob Sie alles wortwörtlich umwandeln müssen oder ob nicht eine sinngemäße Wiedergabe ausreicht bzw. stilistisch besser ist. *(Die Kanzlerin forderte die Energiekonzerne zur konstruktiven Mitarbeit auf.* statt: *Die Kanzlerin forderte die Energiekonzerne auf, dass sie sich konstruktiv an der Lösung der Probleme beteiligen mögen.)*

ACHTUNG: FEHLERQUELLEN!

Die indirekte Rede wird durch ein Komma angekündigt. Es werden keine Anführungszeichen gesetzt.

7.1 Den Konjunktiv korrekt anwenden

1 Vervollständigen Sie die folgende Tabelle.

Infinitiv	Indikativ Präsens	Konjunktiv I (Gegenwart)	Indikativ Präteritum	Konjunktiv II (Gegenwart)
tragen				
		wir bringen		
	ihr fegt			
			du ranntest	
springen				
				ich lehrte

WISSEN

Beim Konjunktiv unterschiedet man zwischen

- **Konjunktiv I der Gegenwart** *(Er denkt, Pia lese besonders gerne.)*
- **Konjunktiv I der Vergangenheit** *(Er denkt, Pia habe besonders gerne gelesen.)*
- **Konjunktiv II der Gegenwart** *(Er denkt, Pia läse besonders gerne.)*
- **Konjunktiv II der Vergangenheit** *(Er denkt, Pia hätte besonders gerne gelesen.)*

So werden die Formen gebildet:

Konjunktiv I (Gegenwart)
Präsensstamm des Verbs + Endung

-e	→ 1. und 3. Pers. Sg.	*sing-e, les-e*
-est	→ 2. Pers. Sg.	*sing-est, les-est*
-en	→ 1. und 3. Pers. Pl.	*sing-en, les-en*
-et	→ 2. Pers. Pl.	*sing-et, les-et*

Konjunktiv II (Gegenwart)
Präteritumstamm des Verbs + Endung

-e	→ 1. und 3. Pers. Sg.	*ging-e, läs-e*
-est	→ 2. Pers. Sg.	*ging-est, läs-(e)st*
-en	→ 1. und 3. Pers. Pl.	*ging-en, läs-en*
-et	→ 2. Pers. Pl.	*ging-et, läs-et*

2 Setzen Sie den folgenden Text in die indirekte Rede.
→ Fassen Sie nach der wortwörtlichen Übertragung die Inhalte der Vorstellungsrede so knapp wie möglich zusammen.
→ Vergleichen Sie die beiden Fassungen.

Letzte Woche stellte sich ein neuer Schüler in der Klasse vor: „Ich heiße Peer Müller und komme aus Frankfurt. Geboren bin ich aber in Bremen, weil meine Eltern daher stammen. Sie sind aus beruflichen Gründen umgezogen. Man hat meinem Vater eine gute Stelle hier in Bonn angeboten. Daher sind wir umgezogen. Ich habe auch noch eine jüngere Schwester, die auch schon auf diese Schule geht, allerdings erst in die 6. Klasse. Ich hoffe, wir verstehen uns gut. Sagt mir bitte, wenn ich mich falsch verhalte, denn ich kenne ja noch nicht alle Gepflogenheiten hier.“

3 Korrigieren Sie die Fehler im folgenden Protokolltext.

FEHLER!

Am Ende der Stunde stellte uns die Lehrkraft die Hausaufgabe. Sie sagte, es sei wichtig, dass die klasse bei den Sätzen auf den richtigen Modus achtet. Sie verlangt von uns, dass wir die Hausaufgabe bis morgen erledigen. Außerdem ist es wichtig, dass wir das, was wir im letzten Jahr zum konjunktiv gelernt haben, noch einmal wiederholen. Meine Banknachbarin soll dafür ein paar Schulgrammatiken von nebenan holen.

4 Setzen Sie die folgenden Sätze in die indirekte Rede.

Die Bundeskanzlerin erklärte: „Ab 2015 wird es Änderungen geben.“

Das Ministerium hingegen verkündete: „Die grundsätzlichen Änderungen gelten nicht erst ab 2015 sondern rückwirkend ab dem 1.1.2010.“

Die Schüler meinten: „Wir können alles!“

Von der Schulleitung ist zu vernehmen: „Morgen gibt es mündliche Prüfungen!“

Mara behauptet: „Im Oktober war ich Ski laufen!“

Der Pressesprecher sagte: „Japan ist ein sicherer Standort für Atomkraftwerke.“

Im Urlaub stellt Mutter fest: „Hier ist es einfach wunderschön!“

Ohne ihnen überhaupt zuzusehen, rief er: „Sofort aufhören!“

7.2 Die Wirkung des Konjunktivs untersuchen

1 Lesen Sie den folgenden Textausschnitt aus Daniel Kehlmanns „Die Vermessung der Welt“.

→ Notieren Sie, welche Wirkung er auf Sie hat.

→ Formen Sie dann die indirekte Rede jeweils in direkte Rede um und überprüfen Sie erneut die Wirkung.

Bonpland fragte, was ihm passiert sei.

Er habe versucht, sich zu rasieren. Bloß der Moskitos wegen dürfe man nicht verwildern, man sei immerhin ein zivilisierter Mensch. Humboldt setzte sich seinen Hut auf und fragte, ob Bonpland nachts etwas gehört habe.

Nichts Besonderes, sagte Bonpland vorsichtig. Man höre ja viel in der Dunkelheit.

Humboldt nickte. Man träume die seltsamsten Dinge.

Man könne nicht auf alles hören, was man höre, sagte Bonpland.

Man müsse schließlich schlafen, sagte Humboldt.

Am nächsten Tag fuhren sie in den Rio Negro ein, über dessen dunklem Wasser die Moskitos weniger wurden. Auch die Luft war hier besser. Aber die Gegenwart der Leichen bedrückte die Ruderer, und selbst Humboldt war bleich und schweigsam. Bonpland hielt die Augen geschlossen. Er befürchte, sagte er, sein Fieber komme zurück. Die Affen schrien in ihren Käfigen, rüttelten an den Gittern und schnitten einander Grimassen. Einer bekam sogar die Tür auf, schlug Purzelbäume, belästigte die Ruderer, kletterte am Bootsrand entlang, sprang auf Humboldts Schulter und bespuckte den knurrenden Hund.

Mario bat Humboldt, auch einmal etwas zu erzählen.

Geschichten wisse er keine, sagte Humboldt und schob seinen Hut zurecht, den der Affe umgedreht hatte. Auch möge er das Erzählen nicht. Aber er könne das schönste deutsche Gedicht vortragen, frei ins Spanische übersetzt. Oberhalb aller Bergspitzen sei es still, in den Bäumen kein Wind zu fühlen, auch die Vögel seien ruhig, und bald werde man tot sein.

Alle sahen ihn an.

Fertig, sagte Humboldt.

Ja wie, fragte Bonpland.

Humboldt griff nach dem Sextanten.

Entschuldigung, sagte Julio. Das könne doch nicht alles gewesen sein.

Es sei natürlich keine Geschichte über Blut, Krieg und Verwandlungen, sagte Humboldt gereizt. Es komme keine Zauberei darin vor, niemand werde zur Pflanze, keiner könne fliegen oder esse einen anderen auf. Mit einer schnellen Bewegung packte er den Affen, der gerade versucht hatte, ihm die Schuhe zu öffnen, und steckte ihn in den Käfig. Der Kleine schrie, schnappte nach ihm, streckte die Zunge heraus, machte große Ohren und zeigte ihm sein Hinterteil.

Und wenn er sich nicht irre, sagte Humboldt, habe jeder auf diesem Boot Arbeit genug!

Wirkung: ______________________________

____

____

2 Bestimmen Sie bei den folgenden Sätzen jeweils den Modus.
→ Begründen Sie die Verwendung der jeweiligen Form.

Bewegt Euch!

Glaubten 90% der deutschen Geologen, die Erde wäre eine Scheibe, hätte dies Folgen für die Luftfahrt.

Ich würde meinen, die Verschiebung der Klassenarbeit wäre eine gute Idee.

Sie behaupteten, sie hätten sich bei dem Erdbeben überhaupt nicht gewundert.

Wir riefen, die Noten seien uns egal.

Alle bewunderten aber Schüler mit guten Noten.

Wenn es in der Antike schon Autos gegeben hätte, wäre auch die Geschichte des Mittelalters anders verlaufen.

Er stellte sich vor, sie bäte um einen Kuss.

3 Beschreiben Sie stichpunktartig die Verwendung der Modusformen im folgenden Zeitungsartikel.
→ Bestimmen Sie dazu jede Form einzeln und benennen Sie die jeweilige Funktion.
→ Schreiben Sie anschließend eine kurze Beurteilung über den Stil des Textes.

Bundespräsident über die Wirkung der elektronischen Medien besorgt

Im Neujahrsgespräch zeigte sich Weizsäcker insbesondere darüber besorgt, dass das in Zukunft steigende Programmangebot negative Folgen für die Entwicklung junger Menschen haben könne.

Bonn im Januar 1985: Weizsäcker plädierte mit Nachdruck dafür, die Forschung über die Wirkung der Medien zügig voranzutreiben. Nur so könne auf die weitere Entwicklung des menschlichen Wesens verantwortlich geachtet werden. Er sei beunruhigt darüber, dass man alles Mögliche auf der Welt erforsche, aber die Wirkung der elektronischen Medien auf den menschlichen Geist und die menschliche Seele bisher vernachlässigt habe. Bundesländer und Parteien stritten um die Rechtsform der Rundfunk- und Fernsehanstalten und um die Frage, wer auf welche Weise seine Ausgaben decken dürfe. „Aber es würde mich mehr beruhigen, wenn dieselben verantwortlichen Leute auch noch ein bisschen mehr über die Programmatik und die Wirkung dieser Programmatik diskutieren würden und von daher auch ihre Entscheidungen träfen", sagte der Bundespräsident.

4 Lesen Sie die folgenden Sätze zum Modus in indirekter Rede und kreuzen Sie jeweils an, was stimmt und was nicht stimmt.

	stimmt	stimmt nicht
• Der Konjunktiv drückt deutlich mehr Distanz zum Gesagten aus.	☐	☐
• Konjunktiv und Indikativ nach *dass* drücken die gleiche Distanz aus.	☐	☐
• Der Konjunktiv wird im alltäglichen Leben wie selbstverständlich von jedem angewendet.	☐	☐
• Viele Menschen beherrschen den Konjunktiv nicht.	☐	☐
• In der Umgangssprache wird der Konjunktiv häufig nicht verwendet.	☐	☐
• Der Konjunktiv gehört zum Stil der gehobenen Standardsprache.	☐	☐
• Er wird deshalb vor allem in Nachrichten und offiziellen Texten bevorzugt. *(Der Minister kündigte an, dass er diese Probleme in China ansprechen werde).*	☐	☐

Die **Wortwahl** und die **Syntax**, also die Art und Weise, wie Wörter und Satzteile zu Sätzen zusammengefügt sind, bestimmen den **Stil** eines Textes. Durch den Stil wird die **Wirkung des Textinhalts** auf den Leser oder Hörer beeinflusst. **Gleiche Inhalte** können in sehr **unterschiedlichem Stil** formuliert werden. Die Wahl des Stils hängt vom **Anlass**, der **Textart** und dem **Adressaten** ab.

1 Den Text planen

→ **Bedenken** Sie zunächst, welche **Textart** Sie verfassen möchten. **Notieren** Sie die wesentlichen Merkmale in einem **Schreibplan**: z. B. **Inhaltsangabe**: sachlich genau, chronologische Reihenfolge der Inhalte versprachlichen, prägnante Kürze; **Sachtextanalyse**: genaue und treffende Ausdrücke, Konjunktionen zur Begründung, Argumentstruktur versprachlichen; **Analyse von fiktionalen Texten**: mit sprachlichen Bildern arbeiten, Schlussfolgerungen mit Konjunktionen.

→ **Klären** Sie, **wer** (Adressat) Ihren Text **wann** und **wo** lesen oder hören wird (Kontext) und **was** (Intention) Sie mit Ihrem Text erreichen möchten. **Notieren** Sie:

- **Anlass**: z. B. Abiturklausur, Jubiläumsrede ...
- **Vorwissen** und **Einstellungen** der Adressaten: Kennt die Leserschaft vermutlich Hintergründe des Textinhalts? Verfügt sie über Kenntnisse der Fachbegriffe oder erwartet sie vielleicht sogar die Verwendung von Fachbegriffen?
- **Ziel/Intention** des Textes / der Rede: Soll das Publikum / die Leserschaft in erster Linie überzeugt, informiert oder unterhalten werden?

2 Den Text während des Schreibens optimieren

→ **Achten** Sie auf einen **korrekten** und **verständlichen Satzbau**: Stellen Sie eindeutige Bezüge her, entlasten Sie Satzklammern, vermeiden Sie Nominalisierungen.

→ **Verwenden** Sie eine **angemessene Wortwahl**: Vermeiden Sie die Wiederholungen von Begriffen und Passagen, streichen Sie Füllwörter, wählen Sie möglichst genaue Begriffe, erklären Sie notwendige Fachbegriffe, vermeiden Sie Stilbrüche.

→ Prüfen Sie, ob der **Inhalt nachvollziehbar ist**: Vermeiden Sie leere Ankündigungen und inhaltliche Wiederholungen, trennen Sie Meinung und Tatsachen.

3 Den Text überarbeiten

→ **Überprüfen** Sie am Ende Ihren **Text** unter Einbeziehen der folgenden **Kriterien**:

- Allgemein verständliche Darstellung (Erklärung von Fachbegriffen)
- Logische Reihenfolge und klare Gedankenführung (wichtige Ereignisse, Klären von Personenkonstellationen, markante Daten ...)
- Schlüssige und gut vernetzte Übergänge zwischen einzelnen Abschnitten
- Grammatische Richtigkeit (Tempus und Modus der Verben, grammatische Bezüge, korrekte Satzstellung)
- Korrektes Zitieren

TIPPS UND QUERVERWEISE

Satzbau (☞ S. 86ff.)

ACHTUNG: FEHLERQUELLEN!

Häufig stimmt der Numerus des Verbs und der Person nicht überein. Hilfreich ist, das Subjekt in Numerus und Genus zu überprüfen. Sachlich fehlerhaften Fremdwortgebrauch kann man durch das Nachschlagen in einem Fremdwörterbuch vermeiden.

8.1 Wort- und satzbezogene Übungen zum Stil durchführen

1 Erstellen Sie jeweils eine Mind-Map mit sinnverwandten Wörtern zu *sagen* und *denken*.

→ Gleichen Sie Ihre Begriffe mithilfe eines Synonymwörterbuchs und mithilfe eines elektronischen Wörterbuchs (Thesaurus) ab.

Die Strukturen Ihrer Mind-Maps entstehen erst durch Ihre Lösungen.

sagen

denken

2 Vervollständigen Sie die folgende Fremdwörter-Tabelle in alphabetischer Ordnung mithilfe der Silben im Wortspeicher.
→ Kennzeichnen Sie Verben (V) und Adjektive (A).

gie • tisch • thisch • ~~pho~~ • em • a • nis • visi • sti • my • ex • ren • skrip • ver • ~~me~~ • pos • ren • thisch • em • go • pha • tu • pli • lie • nor • tisch • di • zit • ex • em • ro • mu • pla • ~~risch~~ • ima • lie • pa • gi • nie • risch • ren • ma • tiv • ~~ta~~ • onär • de • tiv • an • mys • tisch • ren • ta • pha

Fremdwort (Adjektiv oder Verb)	Definition	Fremdwort (Substantiv/Nomen)
	gegensätzlich	
	beschreibend	
	auseinandergehen, abweichen	
	einfühlsam, anteilnehmend	
	begeistert	
	beispielhaft	
	ausdrücklich	
	(sich) vorstellen, ausdenken	
metaphorisch (A)	ein sprachliches Bild betreffend, übertragen, bildlich	Metapher
	geheimnisvoll, dunkel, zur Mystik (besondere Form der Religiosität) gehörend	
	sagenhaft, legendenhaft	
	maßgebend, als Norm/Vorgabe dienend	
	feststellen, zur Bedingung machen	
	anregend, ermunternd	
	prophetisch, vorausschauend	

3 Streichen oder ersetzen Sie die Ausdrücke, die aus Dialekt oder Umgangssprache stammen.

Die Verse 3587f. in Goethes „Faust I" zeigen, dass der Autor freilich kein astreines Hochdeutsch schrieb.

Es wird von einigen in Deutschland fei als sehr ungerecht empfunden, dass die Steuersätze progressiv und nicht als Linie raufgehen!

4 Streichen Sie inhaltsleere Absichtsbekundungen oder verbinden Sie Ankündigungen mit inhaltlichen Aspekten. Schreiben Sie die Verbesserungen in Ihr Heft.

Im Folgenden will ich zeigen, dass die Sprache für die Sturm-und-Drang-Dramen eine Bedeutung hat.

Wir kommen nun zu einem wichtigen Punkt.

Wir werden die Wahlergebnisse gründlich untersuchen und eine Analyse zahlreicher Aspekte durchführen, um den Ursachen für dieses Ergebnis auf die Spur zu kommen.

5 Streichen Sie Füllwörter und die Aussage unnötig einschränkende Ausdrücke.

Die Figuren in Goethes „Faust II" bilden in ihrer Gesamtheit sozusagen ein mehrdimensionales Abbild der Moderne, sie sind zusammen quasi ein vielgestaltiges Bild der modernen Welt.

Keinesfalls, so die Vertreter der These von der menschengemachten Klimaveränderung, bedeute eine globale Erwärmung eine Art von Temperaturerhöhung in Europa. Es könne sozusagen auch dazu kommen, dass der Golfstrom eigentlich schwächer werde und der Zufluss warmen Wassers Richtung Europa nachließe.

6 Ersetzen Sie bei den folgenden Sätzen ungenaue oder missverständliche Ausdrücke durch möglichst treffende Begriffe.

Goethe schrieb das Buch „Faust I" in 1808.

Im Folgenden werde ich mich um Länder ohne Regierung kümmern, die sogenannten „failed states". Dazu werde ich zunächst auf das Beispiel von Somalia eingehen.

Mit seiner Betonung der Gefühle entsprach Goethe in den 1770er Jahren den zeitlichen Ansichten über Dichtung.

7 Füllen Sie die Leerstellen der Zielscheibe jeweils mit Fachbegriffen und/oder mit passenden Beispielen aus.

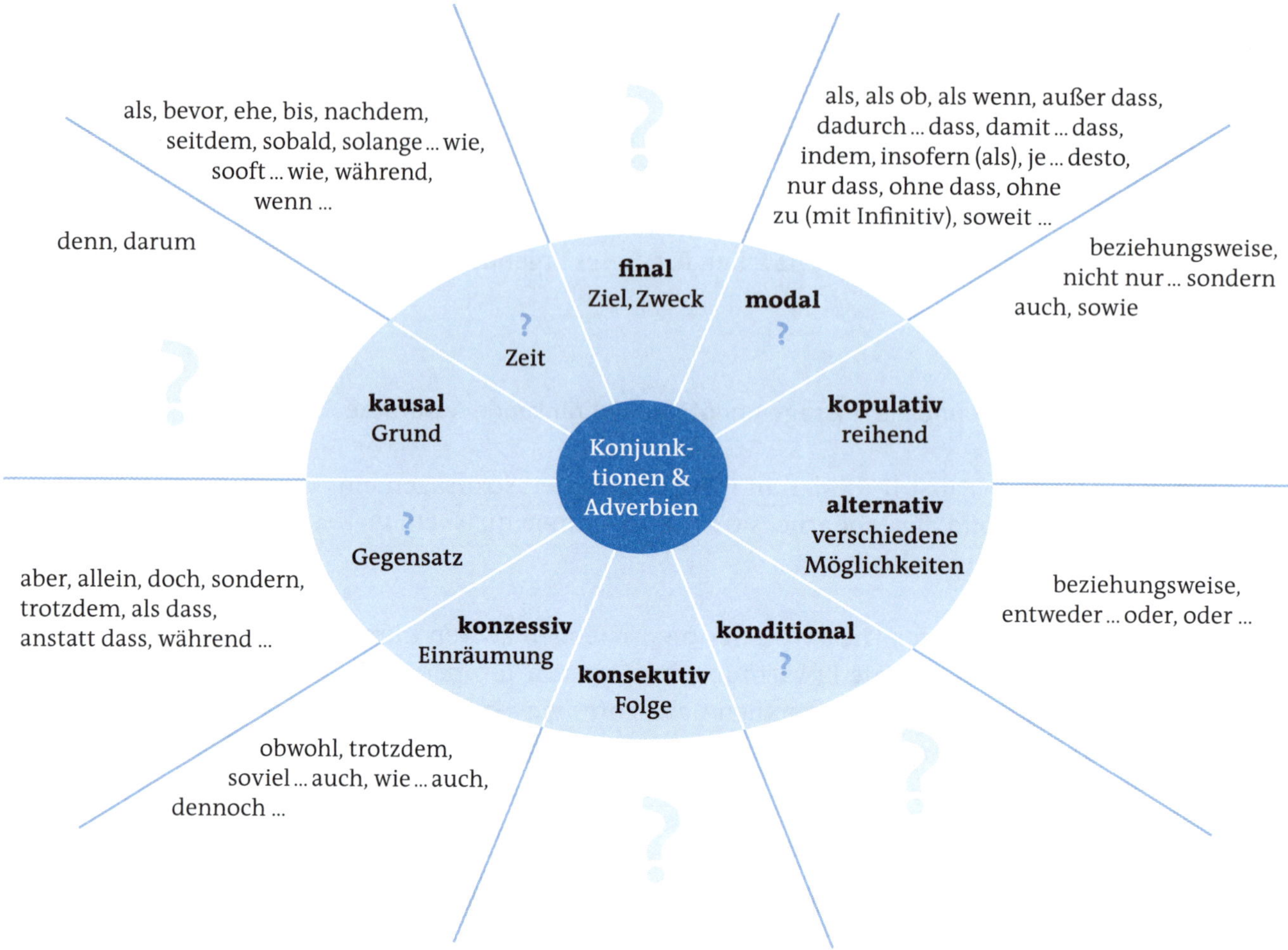

8 Finden Sie zu jeder Fallgruppe noch vier weitere passende Ausdrücke.

Eine Argumentation eröffnen, Grundlagen definieren und ein Thema umreißen: ausgehend von, ______

Argumentationselemente auflisten: und, ______

Argumentationselemente einschränken oder Gegensätze entwickeln: allerdings, ______

Argumentationselemente betonen oder herausheben: besonders, ______

Fazit ziehen und ein Ergebnis präsentieren: insgesamt, ______

9 Schreiben Sie die folgenden Sätze in Ihr Heft und formulieren Sie sie so um, dass eine professionelle Distanz entsteht und deutlich wird, dass Sie etwas referieren.

- Wie wir wissen, ist die Fotosynthese ein zentraler Prozess des Lebens auf der Erde.
- Es ist ja klar, dass Schiller eine kritische Haltung gegenüber dem Absolutismus entwickeln musste.
- Ohne Frage ist die Soziologie eine Leitwissenschaft des 19. Jahrhunderts.
- Wir Menschen kennen die Probleme, die mit Google und dem Datenschutz entstehen.

10 Streichen Sie inhaltliche Wiederholungen.
→ Formulieren Sie gegebenenfalls die Sätze in Ihrem Heft um oder wählen Sie alternative Begriffe.

- Das emotionale Gefühl der Liebe nimmt eine bedeutende Position und Rolle in dem literarischen Roman ein.
- Ohne soziologische Gesellschaftsuntersuchungen kann es nicht gelingen, die Gesellschaft zu verstehen.
- Geht man von der Integration stilistischer Aspekte in die Zensur der Aufsatznote aus, erkennt man, dass auch der Stil für die Bewertung eine Rolle spielt.

11 Markieren Sie die Nominalisierungen.
→ Streichen Sie unnötige Nominalisierungen und ersetzen Sie diese durch verbale Formulierungen.

Die Interpretation lyrischer Texte erzeugt oftmals besondere Komplikationen.

Eine soziale Integration von Lehrern außerhalb der Schule ist stets mit erheblichen Schwierigkeiten verbunden.

Ohne die Erarbeitung grundlegender Analysekompetenzen im Deutschunterricht kann ein erfolgreicher Abschluss der Schule kaum erfolgen.

Vor dem Hintergrund einer Analyse der Biografie des Autors werde ich eine Interpretation von Tacitus' „Germania“ vornehmen.

12 Schreiben Sie die folgenden Sätze in Ihr Heft und stellen Sie dabei sprachlich eindeutige logische Bezüge zwischen den Satzteilen oder zwischen den Sätzen her.

- Das Nachdenken über das Schreiben hat große Bedeutung für die Hauptfigur. Es ist Inhalt dieses Romans.
- Ein Auto hat einen Motor, dessen Qualität nicht ausreicht. Das Auto wird alsbald in der Werkstatt enden.
- In der heutigen Welt sind Polizeibeamte in vielen Situationen eher Sozialarbeiter. Diese müssen sich auch in Psychologie, Sozialpädagogik und Gesprächsführung qualifizieren.
- Aişe hat Sandra ein Handy gegeben. Sie ist jetzt sauer.

13 Bestimmen und markieren Sie in den Sätzen Subjekt [S] und Prädikat [P].
→ Schreiben Sie dann die Sätze in Ihr Heft und formulieren Sie sie so, dass Subjekt und Prädikat nahe beieinander stehen und dadurch die Satzklammer entlastet wird.

Goethe, dessen Karriere als Minister und enger Vertrauter des Herzogs von Weimar bis dahin sehr erfolgreich verlaufen war, hatte sich 1786 unangekündigt für eine mehrjährige Italienreise entschieden.

Ohne Darwins Thesen, die dieser vor dem Hintergrund einer klerikal bestimmten Naturanschauung und zugleich ohne forschungsgeschichtliche Vorgänger formuliert hatte, ist die moderne Evolutionsbiologie, die sich dennoch seit der Weltumsegelung der „HMS Beagle" in den 1830er Jahren rasant entwickelt hat, kaum denkbar.

14 Unterstreichen Sie jeweils die richtige der beiden Verbformen und markieren Sie das Subjekt, auf das diese sich bezieht.

Eine große Anzahl von Eltern, die Zeitungen schrieben von 2.000 Menschen, besuchte/besuchten das Schulfest.

Ein Gedicht, ein Drama und ein Roman, alle diese Textsorten finden sich in Goethes Gesamtwerk, das zwischen 1766 und 1832 entstand, bildet/bilden eine denkbar große Auswahl unterschiedlicher Textsorten.

Zwischen Patagonien und Südafrika ist/sind das Wetter für das Schiff und seine Besatzung bedrohlich: Die Temperaturen sind eisig, das Meer tobt, Gischt spritzt.

Die Klassengemeinschaft aus 30 Schülern, die meisten kannten sich schon seit der Grundschule, fährt/fahren für ein Wochenende nach Sylt.

Die große Menge an kleinen Anfragen qualifizierte/qualifizierten den Abgeordneten nach dem Regierungswechsel für einen Ministerposten.

Ein gesundes Frühstück und Zeit zum Erholen, dazu gehört auch Sport, ist/sind wichtig für Kinder.

8.2 Texte stilistisch überarbeiten

1 Streichen oder korrigieren Sie im folgenden Text unpassende Formulierungen.
→ Markieren Sie mit senkrechten Strichen die Stellen, an denen Absätze beginnen.

Die Entwicklung des Internets

STIL-FEHLER!

Das Aufkommen des Internets steht in seiner Bedeutung für den sozialen und gesellschaftlichen Wandel auf einer Ebene mit der Erfindung des Buchdrucks und der so wichtigen Entdeckung Amerikas. Die Internettechnologie gilt als Schlüsselfaktor gegenwärtiger gesellschaftlicher und ökonomischer Veränderungen in Gesellschaft und Wirtschaft; wir sprechen in diesem Zusammenhang und Kontext auch von der Informationsgesellschaft oder der E-Society. Entscheidend neben dem Zugang zu den Informationen ist für einen aber vor allem die Fähigkeit und Kompetenz, sich diese nutzbar zu machen. Begründer des World Wide Web (WWW), des heute wichtigsten Dienstes des Internets, ist der britische Informatiker und Wissenschaftler Tim Berners-Lee, der 1989 am Cern, dem total beliebten europäischen Kernforschungslabor in Genf, direkt am Genfersee gelegen, eine Lösung für einen einheitlichen Informationsaustausch im Internet entwickelte. Berners-Lees Ziel war es, ein System zu schaffen, in dem Wissenschaftler ihre Forschungsergebnisse auf einfache Art und Weise weltweit miteinander austauschen können. Dies war zunächst nur in Textform möglich. Umwerfend riesige Popularität und umwerfend enormes Wachstum bescherte dem Internet die Veröffentlichung des ersten grafischen Browsers 1993 durch Marc Andreessen. Tim Berners-Lee ließ seine Ideen und technischen Umsetzungen gar nicht und niemals patentieren und stellte die Nutzung des WWW der Allgemeinheit zur Verfügung. In 1994 begannen die ersten Unternehmen, eigene Websites im Internet einzurichten, und aufgrund der rapiden Computerisierung wurden immer mehr private Haushalte an das Internet angebunden. In den folgenden Jahren vollzog sich die Verbreitung des WWW in einer atemberaubenden Geschwindigkeit. Das Web 2.0 wird auch als „Mitmach-Internet" bezeichnet und umfasst alle Aktivierungen und technischen Anwendungen, die es den Benutzern ermöglichen, eigenständig Inhalte in Form von Profilen, Bookmarks, Fotos, Videos, Kommentaren und so weiter im Internet zu veröffentlichen und anderen Nutzern zugänglich zu machen sowie mit anderen Nutzern zu kommunizieren und auszutauschen. Der Nutzer ist nicht mehr länger Konsument, sondern wird selbst zum Produzierer, indem er Inhalte bereitfügt. Er kann auf einfache Weise Filme, Fotos, Videos und Tagebucheinträge veröffentlichen oder bereits veröffentlichte Inhalte kollationieren.

Korrekturen:

2 Schreiben Sie den Text ab und vermeiden Sie dabei die Wiederholungen.

STIL-FEHLER!

Zu Beginn des neuen Schuljahres durfte jede Gruppe ihre Meinung sagen. Die Computerabteilung sagte, dass ein Wlan-Netz in der Schule zu gefährlich sei, da es kaum gegen elektronische Angriffe zu sichern sei. Dem schloss sich die Schulleitung an, auch sie sagte, dass die Computer mit den Noten durch ein Wlan-Netz gefährdet würden. Die Schüler hingegen sagten, dass ein Wlan-Netz den Unterricht verbessern würde, weil viel mehr mit Computern im Klassenraum gearbeitet werden könne. Dem schlossen sich einige Lehrer an, die sagten, ein Wlan-Netz böte viele Möglichkeiten zur Medienerziehung. Andere Lehrer sagten hingegen, dass ein Wlan-Netz nur überflüssige Kosten verursachen werde. Die Elternschaft sagte, dass ihr Datenschutz und neue Unterrichtsmethoden gleichermaßen wichtig seien.

3 Bilden Sie aus den folgenden Sätzen einen Text mit einer logisch aufgebauten Argumentation.

→ Verbinden Sie die Sätze so miteinander, dass inhaltliche und logische Zusammenhänge deutlich werden.

→ Setzen Sie an geeigneter Stelle Absätze.

Blogs sind in den letzten Jahren ein wachsendes Medium digitaler Selbstinszenierung geworden. Es stellt sich die Frage, ob Blogs konventionelle Tagebücher ersetzen werden. Blogs weisen technische Vorteile gegenüber dem konventionellen Tagebuch auf. Ein Blog verfügt über prinzipiell unbegrenzten Speicherplatz. Auf einem handelsüblichen USB-Stick lassen sich Informationsmengen speichern, die in Tagebüchern notiert Meter oder sogar Kilometer an Buchrücken umfassen würden. Die Inhalte eines Blogs können jederzeit aktualisiert, ergänzt oder gelöscht werden. Ein Blog kann außer Texten und statischen Abbildungen – den Medien, die auch im konventionellen Tagebuch konserviert werden können – auch Töne und Videosequenzen enthalten. Ein Blogs kann unabhängig vom Ort des Autors für Freunde, Bekannte oder auch für unbekannte Internetnutzer geöffnet werden. Auf die Weise können Andere an dem Anteil nehmen, was einen selbst bewegt. Bei Problemen, die man auf dem Blog publiziert, können einem Freunde oder Unbekannte helfen, denen Ähnliches zugestoßen ist. Blogs sind zweifellos in vielen Punkten dem konventionellen Tagebuch technisch überlegen. Ein Tagebuch kann seinen Reiz daraus beziehen, dass es unveränderbar ist. Ein Tagebuch verfügt über eine begrenzte Seitenzahl und damit über begrenzten „Speicherplatz". Man wird zur Konzentration auf das Wesentliche gezwungen. Die Beschränkung auf Schrift und Fotos zwingt den Tagebuchschreiber dazu, Erlebnisse und Gefühle in eine eigene Form zu bringen und nicht einfach per Knopfdruck ein Video oder eine Musikstück abzuspeichern. Auf die Weise wird ein Tagebuch zu mehr als zu einer Chronik der Musikstile und Fotos der letzten Jahre. Sicherlich werden Blogs zunehmend ein Medium werden, sich im Netz stets aktuell und persönlich zu präsentieren. Blogs wird es wohl kaum gelingen, eine ernsthafte Konkurrenz zum konventionellen Tagebuch zu werden, denn zu unterschiedlich sind die besonderen Möglichkeiten dieser beiden Dokumentationsarten.

4 Analysieren Sie in Ihrem Heft an ausgewählten Beispielen Wortwahl und Syntax der zwei Textausschnitte A und B und beschreiben Sie den Stil.
→ Finden Sie jeweils eine Überschrift für die Textausschnitte A und B, die den Stil kennzeichnet.
→ Schreiben Sie die Textausschnitte A und B entsprechend der Vorlage „Angaben“ weiter.

Textausschnitt A:

Zur Stunde, in der sich die Rosenfinger der Morgenröte zu spreizen beginnen, stieg ich, ein schneller Pfeil, in einen Autobus mit dem mächtigen Wuchs und den Kuhaugen der Linie S auf gewundener Strecke. Mit der Genauigkeit und Schärfe des Indianers auf dem Kriegspfade bemerkte ich die Gegenwart eines jungen Mannes, dessen Hals länger als der der leichtfüßigen Giraffe und dessen weicher, gekerbter Filzhut mit einer Kordel geschmückt war gleich dem Helden einer Stilübung. Die unheilvolle Göttin der Zwietracht mit rußigen Brüsten kam aus seinem von einem Nichts an Zahnpasta verpesteten Munde, die Zwietracht, sage ich, kam, ihren bösartigen Virus zwischen diesen jungen Mann mit Giraffenhals und Kordel um den Hut und einen Fahrgast mit unentschlossener und fader Miene zu hauchen.

Textausschnitt B:

’S war was über Mittag, als ich in’n Ess steigen konnte. Ch steig also ein, ch zahl meinen Platz wie sichs gehört, und schon bemerk ich da so’n bekloppten Stenz mit nem Hals wie’n Teleskop und ner Art Schnur umn Deckel. Ch glotzn an, weil ich n doof finde, als er so Knall und Fall anfängt, seinen Nachbarn anzuquatschen.

Vorlage: Angaben

Im Autobus der Linie S, zur Hauptverkehrszeit. Ein Kerl von etwa sechsundzwanzig Jahren, weicher Hut mit Kordel anstelle des Bandes, zu langer Hals, als hätte man daran gezogen. Leute steigen aus. Der in Frage stehende Kerl ist über seinen Nachbarn erbost. Er wirft ihm vor, ihn jedes Mal, wenn jemand vorbeikommt, anzurempeln. Weinerlicher Ton, der bösartig klingen soll. Als er einen leeren Platz sieht, stürzt er sich drauf.
Zwei Stunden später sehe ich ihn an der Cour de Rome, vor der Gare Saint-Lazare, wieder. Er ist mit einem Kameraden zusammen, der zu ihm sagt: „Du solltest dir noch einen Knopf an deinen Überzieher nähen lassen“ Er zeigt ihm wo (am Ausschnitt) und warum.

so geht's

Die **Syntax** (deutsch: Satzbau) basiert auf einem **Regelsystem**, das es ermöglicht, **einzelne Wörter** zu **Sätzen** bzw. **Haupt- und Nebensätze** oder **mehrere Hauptsätze** zu **längeren Sätzen** zusammenzubauen. Die Kenntnis der Syntax hilft dabei, **Texte Anderer genau zu beschreiben und zu analysieren** und vor allem **selbst grammatisch korrekte Texte zu verfassen**. Der Satzbau, den man häufig auch variieren kann, hat großen Einfluss auf die Wirkung von Texten.

1 Vorüberlegungen zum Bestimmen von Haupt- und Nebensatz anstellen

→ **Überprüfen Sie** die **Stellung des konjugierten** (auch: **finit** oder **gebeugt**) **Verbs**:
- **Hauptsätze** erkennen Sie daran, dass der konjugierte Teil des Prädikats an zweiter Stelle im Satz steht *(Ich **steige** aufs Fahrrad)*.
- Bei **Nebensätzen** steht der konjugierte (gebeugte) Teil des Prädikats dann am Satzende, wenn es sich um einen eingeleiteten Nebensatz handelt. *(Ich freue mich darauf, dass wir uns wiedersehen **werden**.)*
- Einleitungen von Nebensätzen sind vor allem **Konjunktionen** *(dass, weil, während, obwohl …)* und **Relativpronomen** *(der, die, welcher, welche …)*.

→ **Beachten** Sie, ob **Kommas** vorhanden sind:
- Nebensätze werden immer durch ein Komma vom Hauptsatz getrennt.
- Hauptsätze können auch ohne Kommas aneinandergereiht werden.

2 Satzreihen oder Satzgefüge erkennen

→ **Klären Sie**, ob bei Satzverbindungen die **verbindende Konjunktion** einen Nebensatz einleitet *(dass, weil, obwohl, während …)* oder einen Hauptsatz anschließt *(und, oder, aber, sowohl … als auch, trotzdem, denn …)*.

→ **Bestimmen** Sie davon ausgehend, ob es sich um eine **Satzreihe** (Parataxe: Hauptsatz + Hauptsatz) oder um ein **Satzgefüge** (Hypotaxe: Hauptsatz + Nebensatz/-sätze) handelt:
- In **Parataxen** stehen Hauptsätze gleichwertig nebeneinander. Sie können, müssen aber nicht durch Kommas voneinander getrennt werden *(Wir fuhren umgehend nach Italien(,) und die Ferien waren schön)*.
- In **Hypotaxen** ist der Nebensatz / sind die Nebensätze dem Hauptsatz untergeordnet. Es werden immer Kommas gesetzt *(Weil wir umgehend nach Italien fuhren, waren die Ferien schön)*.

3 Die Wirkung untersuchen

→ **Überprüfen** Sie, ob der Text sowohl Satzreihen als auch Satzgefüge enthält: *Überwiegt eine der beiden Formen oder gibt es diesbezüglich keine Auffälligkeiten?*

→ **Klären** Sie dann die Frage, ob der **Satzbau zum Inhalt des Textes passt**. Falls ja, finden Sie konkrete Beispiele dafür, wie der Satzbau den Inhalt des Textes unterstützt. Falls nein, überlegen Sie, was das bedeuten könnte.

→ **Beschreiben** Sie **die Wirkung des Satzbaus**. Es können folgende grundlegende Wirkungen unterschieden werden:
- **Satzreihe:** gleichmäßig/ruhig; monoton/beklemmend; kühl/gefühllos
- **Satzgefüge:** harmonisch/freundlich; hektisch/drängend

ACHTUNG: FEHLERQUELLEN!

Achten Sie bei der Bestimmung genau darauf, wo der gebeugte Prädikatsteil im Satz steht, denn im Deutschen gibt es oft mehrteilige Prädikate mit ungebeugten Verben oder Partizipien, die sogenannten Prädikatsklammern.

9.1 Übungen zum Satzbau durchführen

1 Unterstreichen Sie im folgenden Text die Nebensätze.

Der Egon-Erwin-Kisch-Preis, benannt nach dem Prager Journalisten, der mit seinen Reportagen vor und nach dem Ersten Weltkrieg enorm erfolgreich war, ist sicher die bedeutendste Auszeichnung für Reporter in Deutschland. Verliehen wurde der Preis kürzlich an René Pfister, einen Journalisten der Hamburger Wochenzeitung „Der Spiegel". Weil Pfister in einem Artikel über den CSU-Vorsitzenden Horst Seehofer dessen Modelleisenbahn beschrieben hatte, ohne sie gesehen zu haben, wurde der Preis ihm aber rasch wieder aberkannt. Pfister hatte auf Nachfrage noch während der Preisverleihung erklärt, dass er seine Informationen über das Hobby des bayerischen Politikers nicht aus eigener Anschauung hatte. Vielmehr hat Pfister sich auf Berichte anderer Presseleute, die den Keller Seehofers gesehen hatten, gestützt.

Die Entscheidung der Jury des Egon-Erwin-Kisch-Preises ist umstritten, Kollegen Pfisters von unterschiedlichen Zeitungen haben sich gegen die Aberkennung ausgesprochen. Es sei, so äußerten sich einige Journalisten, unerheblich, ob Pfister die Modelleisenbahnanlage selbst gesehen habe. Ein Porträt eines Politikers sei keine Dokumentation eines Hausbesuchs und deshalb könne ein Autor seinen Text mit unbezweifelten Tatsachen aus anderen Quellen ergänzen, ohne dass dadurch der Wahrheitsgehalt des gesamten Artikels berührt werde.

2 Bestimmen Sie, ob die Nebensätze mit einer Konjunktion **[K]** oder einem Relativpronomen **[R]** eingeleitet werden. Kreisen Sie die richtige Bestimmung ein.

Das Telefonierverhalten, das [K/R] viele Jugendliche heute an den Tag legen, unterscheidet sich sehr stark von den Kommunikationssitten ihrer Eltern. Die Eltern hatten in ihrer Jugend gelernt, dass [K/R] Telefonieren teuer ist. Dass [K/R] man „einfach so" eine Freundin oder einen Freund anruft, das war für die Elterngeneration in ihrer Jugend undenkbar. Auch heute noch denken viele Eltern, dass[K/R] ihre Kinder weniger per Handy oder Festnetztelefon kommunizieren sollten. Das gilt gerade für Gespräche mit der Freundin oder dem Freund in der Nachbarschaft. Viele Eltern finden, das [K/R] könnten die Kinder doch auch durch einen persönlichen Besuch ersetzen. Gleichwohl gibt es keine Anzeichen dafür, dass [K/R] die Gesprächszeit jugendlicher Handynutzer abnimmt.

3 Leiten Sie aus den Ergebnissen von Aufgabe 2 eine Regel zur Schreibung von *das* und *dass* ab und notieren Sie sie.

→ Verdeutlichen Sie Ihre Regel anhand von Beispielen.

Regel zur Schreibung von *das* und *dass*

______

______

______

______

______

4 Setzen Sie in den Text *das/dass* ein.

Ohne ______ ______ Auto losgefahren wäre, bewegte es sich: Der Kran hob ______ Fahrzeug über die Schrottpresse, so ______ der grüne PKW nahezu senkrecht über der bedrohlich erscheinenden Anlage schwebte. ______ war ein ungewöhnlicher Anblick, fand Martin, der ______ Auto immer sehr gemocht hatte. Sein Wagen hatte ihn nahezu ______ gesamte Leben mit Führerschein begleitet. ______ es auch ohne Auto ging, würde er jetzt beweisen, denn ______ nagelneue Fahrrad wartete vor dem Schrottplatz, und ______ er bald in Urlaub fahren würde, stand auch schon fest. Dieses Mal allerdings ohne ______ er vorher ______ betagte Fahrzeug in die Werkstatt bringen musste. Er würde die Bahn nehmen, ______ wusste er.

5 Unterstreichen Sie alle Satzreihen grün und alle Satzgefüge blau.

Tilman Steffen
Lobbyisten im Lehrerzimmer

Viele Schulen unterrichten Wirtschaft. Doch Lehrmaterialien und Lehrerbildung werden von Wirtschaftsverbänden dominiert. Forscher sind beunruhigt.

Schülerfirmen organisieren die Pausenversorgung, in Börsenspielen scheffeln Jugendliche virtuelle Aktiengewinne. Im April erreichte die Schulfarm Insel Scharfenberg den ersten Platz des Wettbewerbs „Schul/Banker" des Bundesverbandes deutscher Banken. Die Privatschüler aus dem Berliner Westen investierten und bilanzierten mit Geschick, sie prüften Zinsspannen und handelten mit Wertpapieren. Am Ende gab es 5.000 Euro aus der Kasse der Lobbyisten.
Die Sparkassen veranstalten das Planspiel Börse, die Wirtschaftsverbände fluten die Unterrichtsräume mit Lehrmaterialien. [...] Auch die Schüler mögen es. Knapp drei Viertel plädieren für ein eigenständiges Schulfach Wirtschaft. Das ergab zumindest eine Umfrage des Bankenverbandes. *Wirtschaftsdidaktiker verschiedener Universitäten appellieren seit Jahrzehnten an die Kultusministerien, das Fach verbindlich einzuführen.* Bisher können die Schüler in den meisten Bundesländern zwar ein wirtschaftsbezogenes Unterrichtsfach wählen, aber nur in wenigen Ländern ist es Pflicht. [...] Doch die Bildungsbudgets der Länder sind knapp, die Ausstattung vieler staatlicher Schulen ist dürftig. In diese Lücke stoßen Wirtschaftsverbände und andere Interessenvertreter. Kritiker sehen die Schulen mittlerweile von Wirtschaftsliberalen okkupiert.

9.2 Die Wirkung des Satzbaus beschreiben

1 Analysieren Sie die syntaktische Struktur der folgenden Sätze und ihre Wirkung.

→ Unterstreichen Sie die Nebensätze.

→ Klären Sie dann, ob der Nebensatz jeweils durch eine Konjunktion oder ein Relativpronomen eingeleitet wird. Notieren Sie entsprechend „K“ oder „R“ über das entsprechende Wort.

→ Beschreiben Sie mithilfe der Adjektive die Wirkung des Satzbaus auf Sie.

spannend • unruhig • monoton • distanziert • unmittelbar • detailliert • harmonisch • korrekt • beklemmend

Wirkung:

Text 1:

Die ganze Anlage, die ein prächtiges oberes Schloss, einen hügelabwärts der Stadt sich zuneigenden weiträumigen Garten und nebst mancherlei Nebengebäuden noch ein unteres, eingeschossiges Schloss umfasst, das den Garten abschließt, hat der Feldherr Prinz Eugen zu Anfang des achtzehnten Jahrhunderts errichten lassen. Weil sich vom oberen Schloss ein grandioser Blick auf die Stadt bietet, wurde der Komplex schließlich Belvedere genannt. Das obere, später fertig gestellte Schloss, ein Hauptwerk des Architekten J. Lukas von Hildebrandt, gedachte Prinz Eugen der fürstlichen Repräsentation zu, für Feste, Einladungen und derlei Angelegenheiten, die einem der reichsten Männer, klügsten Geister und skrupellosesten Feldherren Europas zu Gebote standen, das untere Schloss war als Sommerresidenz angelegt.

Text 2:

An einer schmalen Stelle haben wir einen Steinwall durch das Wasser gezogen. Eine Stunde oder länger haben wir dafür gebraucht. Wir haben schwere Brocken geschleppt, jeder allein, aber auch zu zweit. Das ist noch gar nichts. Steine sind dem Wasser egal, es springt einfach drüber oder quetscht sich durch, was immer schneller geht.

Text 3:

Dann war wiederum Schweigen. Der Waldstein hüllte sich fester in seinen Mantel. Der Regen schlug mit großer Heftigkeit an das Dach der Kutsche, und unter den Rädern und den Pferdehufen sprang das Wasser aus den Pfützen in Kaskaden hoch.

Text 4:

Plötzlich wachte sie auf. Es war halb drei. Sie überlegte, warum sie aufgewacht war. Ach so! In der Küche hatte jemand gegen einen Stuhl gestoßen. Sie horchte nach der Küche. Es war still. Es war zu still und als sie mit der Hand über das Bett neben sich fuhr, fand sie es leer. Das war es, was es so besonders still gemacht hatte: Sein Atem fehlte. Sie stand auf und tappte durch die dunkle Wohnung zur Küche. In der Küche trafen sie sich. Die Uhr war halb drei. Sie sah etwas Weißes am Küchenschrank stehen. Sie machte Licht. Sie standen sich im Hemd gegenüber.

so geht's

In der **Rechtschreibung** gibt es eine Anzahl von Fällen, bei denen man immer wieder unsicher ist, wie man sie schreiben muss. Grundsätzlich wichtig ist, dass man sich klar macht, wozu eine fehlerfreie Rechtschreibung nötig ist.

1 Eine positive Einstellung schaffen

→ **Machen** Sie sich **bewusst**:

- Auch wenn man einen Text trotz einer mangelhaften Rechtschreibung im Sinnzusammenhang entschlüsseln kann, sollten Sie wissen, dass dadurch die **Konzentration auf den Inhalt** eingeschränkt wird. Wenn Sie also einen Text für einen Leser / eine Leserin schreiben, bei dem/der Ihnen wichtig ist, dass er/sie Sie versteht, ist eine **fehlerfreie Rechtschreibung** einschließlich der richtigen **Zeichensetzung** erstrebenswert.
- In vielen Bereichen des öffentlichen Lebens wird eine **Einhaltung der orthografischen Normen**, besonders in der **Schriftsprache**, erwartet. Das reicht von Klassenarbeiten bis zu Bewerbungsschreiben.

2 Zentrale Rechtschreibstrategien anwenden

→ **Wenden** Sie **Rechtschreibstrategien** an: Fast niemand kann völlig fehlerfrei schreiben, aber durch die Anwendung folgender Strategien können Sie ihre **Fehlerquote** erheblich **senken.**

1. Sprechen Sie deutlich, hören Sie genau zu (Lautprinzip – Unterscheidung *langer/kurzer Vokal*).
2. Probieren Sie Schreibweisen aus.
3. Schlagen Sie im Wörterbuch nach.
4. Sehen Sie genau hin, schreiben Sie richtig ab und schreiben Sie lesbar.
5. Suchen Sie im Zweifelsfall ein Ersatzwort oder eine andere Formulierung.
6. Leiten Sie vom Wortstamm ab *(Baum – Bäume, Hand – Hände)*.
7. Beachten Sie die Regeln (grammatisches Prinzip).

3 Texte kontrollieren und überarbeiten

→ **Überprüfen** Sie im Nachhinein noch einmal die **Schreibung von schwierigen Wörtern** und Wörtern, bei denen Sie unsicher sind, auch wenn Sie beim Schreiben schon die Strategien angewendet haben.

→ **Benutzen** Sie verstärkt **Wörterbücher** und wenden Sie **Regeln** an.

→ **Nutzen** Sie die **Korrekturzeichen**, die Ihr Lehrer / Ihre Lehrerin verwendet, um eine **persönliche Fehleranalyse** für sich (auch mithilfe der Lehrkraft) zu erstellen: In welchem Bereich liegen Ihre Probleme? (☞ S. 12)

TIPPS UND QUERVERWEISE

Reflexion über Sprache (☞ S. 70 ff.)

ACHTUNG: FEHLERQUELLEN!

Die Zeichensetzung, die Schreibung der s-Laute (besonders *dass – das*) und die Groß- und Kleinschreibung sind die häufigsten Fehlerquellen. Achten Sie darauf besonders bei der Überarbeitung und klären Sie die Schreibweise mithilfe der grammatischen Regeln zu Nebensätzen und Konjunktionen.

10.1 Wort- und satzbezogene Rechtschreibregeln anwenden

1 Verbinden Sie jeweils ein Wort aus der linken Spalte mit einem passenden aus der rechten.
→ Notieren Sie das neue Wort und achten Sie auf die Getrennt- oder Zusammenschreibung und auf die Groß- und Kleinschreibung.

~~in~~	gehen	Beispiel: inmitten
da	nehmend	
hoch	Hause	
schwimmen	sein	
schön	fahren	
Rad	schreiben	
getrennt	stapeln	
zusammen	färben	
nach	~~mitten~~	
Teil	brechend	
Bahn	Rücken	

2 Im folgenden Text finden Sie zehn falsch geschriebene Wortverbindungen.
→ Streichen Sie sie durch und korrigieren Sie sie in der Randspalte.

FEHLER!

In den letzten Monaten sind mehrere brandaktuelle Erfahrungsberichte über besondere „Auszeiten“ erschienen: Mehrere Autoren haben nicht Umstände halber sondern freiwillig einige Wochen auf das Internet verzichtet, mancher hat zudem sogar das Handy einige Zeit lang abgeschaltet. Freudestrahlend oder Leid erfüllt wird nun darüber berichtet, wie es ist, ohne moderne Kommunikationsmittel aus zu kommen. Während der ersten Tage, so der Tenor aller Reportagen, hat es die Betroffenen nahezu rasendgemacht, vermeintlich ohne Verbindung zur Welt zu sein, und sie haben ihren Selbstversuch desöfteren infrage gestellt. Im Laufe der Zeit haben sie aber gelernt, das Leben „nur“ Mithilfe von persönlichen Gesprächen, Briefen, Faxen oder Festnetztelefonaten zu meistern. Insgesamt plädiert keiner der Autoren für einen kompletten Verzicht auf moderne Kommunikationsmittel, dies sei eine schwerverständliche Reaktion. Durch eine solche Totalverweigerung könnten einem auch tatsächlich wichtige Kontakte gerade im geschäftlichen Bereich abhanden kommen.

Sie möchten aber dem Leser anheim stellen, über realistische Optionen nachzudenken: Etwa vor dem Arbeitstag keine E-Mails abzurufen, oder das Haus auch einmal ohne Handy zu verlassen – zugunsten einer echten Privatheit auf einem Spaziergang. Dann, so die Autoren, kann einem zu teilwerden, was auch sie selbst erfahren haben: eine Zeit Weise Entschleunigung des Alltags, die auf jeden Fall Wohl tuend ist.

3 Kontrollieren Sie mithilfe der Lösung Ihre Ergebnisse aus Aufgabe 2.
→ Übertragen Sie die folgende Tabelle in Ihr Heft und ergänzen Sie die Grundform der verbesserten Wortverbindungen.
→ Formulieren Sie die entsprechende Regel und fügen Sie ein weiteres Beispiel hinzu.

	Wortverbindung	Regel	weiteres Beispiel
Beispiel nicht im Text:	stehenbleiben	Verb + Verb schreibt man normalerweise getrennt, aber weil die Bedeutung hier idiomatisiert (übertragen) ist, kann man auch zusammenschreiben	sitzenbleiben

4 Bilden Sie für jede Wortverbindung zwei Beispielsätze, in denen die unterschiedliche Bedeutung durch die Schreibweise deutlich wird.

viel/mehr:

Liebe ist viel mehr als ein Wort.

Die Entscheidung war vielmehr eine Folge seines Umzuges.

eben/so:

in/dem:

stehen/lassen:

frei/sprechen:

krank/schreiben:

fallen/lassen:

5 Finden Sie in der Wortschlange acht Begriffe, die untrennbare Wortverbindungen darstellen.

Fahrenvielemehrerealleschlussfolgernausmitohneschlafwandelndunkelhell-bitterbösegelbobenuntenlinksrechtskurzlangweilenseitlichmittigmaßregeln-gefährlichschutzimpfenkrankersatzliebäugelnhundkatzemausalleinheim-wärtsauseinanderzusammenbauen

________________ ________________

________________ ________________

________________ ________________

________________ ________________

6 Groß- oder Kleinschreibung? Ergänzen Sie den richtigen Buchstaben und ordnen Sie jeweils der Großschreibung die passende Regel zu.

a) Das Gesicht von Ernst war ___rnst und er drohte Alfred, mit der Klage ___rnst zu machen.

b) Das war Alfred nur ___echt, denn er war sich sicher, vor Gericht ___echt zu bekommen.

c) Bei dem Fest fanden sich ___ung und ___lt zusammen.

d) Auch die Teilnehmer der Sportwettkämpfe waren ___unge und ___lte Athleten.

e) Zu den Kulturtechniken gehören ___esen und ___chreiben.

f) Es ist wichtig, ___esen und ___chreiben zu können.

g) Beim ___erfassen von Klassenarbeiten ist auf Klarheit der Argumentation zu achten.

h) Wenn wir Klassenarbeiten ___erfassen, müssen wir auf Klarheit der Argumentation achten

i) Ohne ___ben wird es nicht gehen.

j) Er wusste, er würde noch ___ben müssen.

Regel 1:
Alle substantivierten Wortarten – auch Verben – werden großgeschrieben. Man kann dies u. a. durch die Artikelprobe testen: *Ohne [das] Nachdenken, kommt man nicht darauf.*

Regel 2:
Die Adjektive *jung* und *alt* werden normalerweise kleingeschrieben.
Sie können aber auch substantiviert gebraucht und dann großgeschrieben werden.

Regel 3:
In Verbindung mit *behalten, bekommen, geben, haben* und *tun* kann man *recht/Recht* groß- oder kleinschreiben.
In Verbindung mit *sein, bleiben* und *werden* darf es nur kleingeschrieben werden.

Regel 4:
Das Adjektiv *ernst* wird normalerweise kleingeschrieben.
Es kann in Verbindungen mit Verben auch als Substantiv *Ernst* gebraucht werden: *Sie wollten endlich Ernst machen.*

7 Entscheiden Sie sich jeweils für die Groß- oder Kleinschreibung.
→ Streichen Sie den falschen Buchstaben durch.

In der (d/D)eutschen Sprache gibt es nicht nur viele Wörter aus dem (l/L)ateinischen, sondern auch eine Reihe von Wörtern aus dem (a/A)rabischen, beispielsweise „Alkohol“ und „Benzin“. Es ist aber nicht nötig, beim (s/S)chreiben dieser Wörter über die Herkunft nachzudenken. Man kann vielmehr ein gewöhnliches Wörterbuch nutzen und darin (n/N)achschlagen. Meist lassen sich dort Hinweise auf den fremden Ursprung von (b/B)ekannten Wörtern finden. Andernfalls lässt sich durch das (r/R)echerchieren in einem sogenannten „etymologischen Wörterbuch“ (e/E)twas über die Geschichte eines Wortes (l/L)ernen. Hier finden sich (v/V)ermerke wie „arab.“ die auf die historische Herkunft (h/H)inweise liefern. Ohne diese Abkürzungen zu (k/K)ennen, kann man so ein Wörterbuch aber auch nicht sinnvoll (n/N)utzen. Hier gilt es also, den (g/G)ebrauch des Nachschlagewerks zu (ü/Ü)ben, denn nur (ü/Ü)bung macht den Meister.

8 Notieren Sie die richtige Schreibweise (groß oder klein) und begründen Sie Ihre Entscheidung.

- Eines (tages) ____________ kam er nicht mehr nach (hause) ____________, (tags) ____________ darauf gab die Ehefrau eine Vermisstenanzeige auf.
- Gewohnt hatte er – wie sie auch – in der (danziger straße) ____________ ____________, sagte sie dem Polizisten.
- Sie war zunächst (außerstande) ____________, weitere Angaben zu machen.
- „Ich weiß nicht, was ich (ihnen) ____________ noch sagen soll, denn (sie) ________ wissen jetzt alles,“ schrieb (sie) ________ am nächsten Tag an die Polizei.
- Mitgenommen hatte (ihr) ____________ Mann lediglich ihren Hund, eine (dänische dogge) ____________, die (von klein auf) ____________ bei ihnen gelebt hatte.
- Und das nach all den Jahren, dachte sie, sie waren doch gemeinsam durch (dick und dünn) ____________ gegangen.
- Der Hund war (anderntags) ____________ wieder da, am (Mittag) ____________ jaulte er vor der Haustür.
- Er hingegen blieb (für immer und ewig) ____________ ____________ verschwunden.

KombiKOMPETENT

Deutsch

Modulares Üben und Sichern grundlegender Kenntnisse aus der Sekundarstufe I

LÖSUNGEN

Seite 6/7

1–6 Individuelle Lösungen

Seite 8

Fragen zu Umgang mit Texten und Medien

1 Sachtexte, stehen in einem realen Kommunikations- und Handlungszusammenhang; fiktionale Texte = literarische Texte, konstruieren aus Elementen der wirklichen Welt eine neue. Es gibt Übergangsbereiche, etwa ein Tagebuch, das neben Sacheinträgen auch Reflexionen o. Ä. enthält. Auch eine Biografie wird u. U. mit fiktionalen Ansätzen angereichert.

2 Lyrik, Dramatik, Epik

3 Zum Beispiel: Anekdote, Parabel, Fabel, Novelle, Roman, Märchen, Kurzgeschichte ...

4 Direkter Einstieg, offenes Ende, Ausriss aus dem Alltag, der allerdings häufig über sich hinausweist; wenige Personen, unbestimmter Raum, Wendepunkt im Leben des/der Protagonisten

5 Erzählerbericht, Szenische Darstellung, Erlebte Rede, innerer Monolog, Erzählerkommentar ...

6 Paarreim, Kreuzreim, umarmender oder auch umschließender Reim

7 Regelmäßiger Wechsel zwischen betonten (Hebungen) und unbetonten Silben (Senkungen): Trochäus: *Fréude, schőner Gőtterfúnken*, Jambus: *Wer níe sein Brót mit Trắnen áß*, Daktylus: *Wíegende Wéllen auf wógender Sée*, Anapäst: *Heute ích, morgen dú*

8 Akt, Szene, Exposition, Peripetie, Dialog, Monolog, Figurenkonstellation, Komödie, Tragödie, Regieanweisung

9 Abweichungen vom normalen Sprachgebrauch mit dem Ziel, besondere Effekte zu erreichen; bildhafte Sprache, z. B. Metapher, Vergleich; Inversion, Chiasmus, Neologismus, Anapher, Parallelismus, Alliteration, Klimax, Rhetorische Frage, Symbol u. a.

10 Motiv: wichtiges, meist wiederkehrendes Element in einem literarischen Werk (dann Leitmotiv), z. B. das Motiv des Wassers, das auch ein Symbol (Sinnbild) sein kann, Zeichen für etwas anderes, z. B. Taube für Frieden

11 Parodie: verspottende scheinbare Nachahmung eines Werkes, indem die Form beibehalten, aber ein anderer Inhalt verwendet wird

Persiflage: Verspottung eines Werkes oder einer Haltung, wobei im Prinzip der gleiche Inhalt aufgegriffen wird, aber mit kritischen Untertönen versehen wird

Travestie: Gegenstück zur Parodie, erhabener Inhalt wird in unpassender Gestalt präsentiert

Karikatur: Verspottung durch eine Zeichnung, bei der bestimmte Elemente übertrieben oder in einen neuen Zusammenhang gestellt werden

12 Sprache und Schrift, Printmedien: vor allem Zeitung und Buch, audiovisuelle Medien: Fernsehen, Radio, neue Medien: Computer, Handy, IPad ...

13 Meldung/Nachricht, Bericht, Reportage, Interview, Kommentar, Glosse ...

Fragen zu Schreiben

1 Klärung des Kontexts (Kommunikations- und Handlungszusammenhang: z. B. antwortet ein Leserbrief auf einen anderen o. Ä.), Darstellen der Eigenart des Textes, Adressatenbezug und Intention, Detailanalyse der einzelnen Elemente, Beschreiben und Deuten der sprachlichen Mittel

2 Sachlich-systematische Klärung des Problems, Einleitung, die zum Thema führt (aktuelle Frage, Statistik o. Ä.); Auflisten der Pro-Kontra-Argumente (dialektische Erörterung), Synthese, evtl. eigene Stellungnahme, abrundender Schluss (Ausblick, Prognose o. Ä.)

3 Kamera als Erzähler, Kameraeinstellungen, Schnitt-Montage-Technik, Aufteilung in Shots, Szenen, Sequenzen, Bedeutung von Musik oder Geräuschen ...

4 Zusammenfassung des Inhalts, Besonderheiten der Textsorte, Darstellung des Erzählers, Erzählhaltung (auktorial, personal), Bausteine des Erzählens, Aufbau des Textes/Erzählschritte, Intention, sprachliche Mittel, Intention, Einordnen in den Kontext (Entstehungszeit, Genre, thematischer Bezug)

5 Thema und Inhalt benennen, Darstellung der äußeren Form mit Strophenstruktur, Reim und Versmaß, schrittweise Erläuterung der einzelnen Strophen mit Berücksichtigung der sprachlichen Mittel, Klärung der Intention, Deutung, Stellungnahme

6 Einordnung in die Handlung des Dramas (z. B. Entwicklung des dramatischen Konflikts), Veränderungen im Laufe der Szene, Figurenkonstellation, Stand des Konflikts am Ende der Szene, besondere sprachliche oder dramaturgische Mittel, Bedeutung für das Gesamtdrama

7 Bericht über einen Vorgang oder eine Besprechung/Sitzung/Konferenz; man unterscheidet Verlaufs- oder Ergebnisprotokoll, besteht aus: Protokollkopf, chronologisch geordnete Inhalte, Unterschriften des Vorsitzenden und des Protokollanten

8 Allgemeiner Eindruck; Vordergrund, Mittelgrund, Hintergrund; bildnerische Mittel der Gestaltung; Klärung der beabsichtigten Aussage/Auswertung

9 Real-Charakterisierung einer Person, z.B. eines Schülers, eines Lehrers: systematische Beschreibung des Äußeren, der Haltung u.a. Eigenheiten, Rolle/Funktion
Literarische Charakterisierung der Figur eines Romans oder eines Dramas: Ausgehen von Rolle/Funktion, ggf. das Äußere, ansonsten Analyse der Haltung und des Verhaltens im Kontext des Textes, man unterscheidet: direkte (explizite Beschreibung des Äußeren und des Charakters) und indirekte Charakterisierung (durch Darstellung der Handlungen der Person)

Seite 9

Fragen zur Reflexion über Sprache

1 Darstellung: Inhalte/Informationen werden transportiert, Appell: fordert Zuhörer/Leser zu eigenem Tun auf, Ausdruck: teilt etwas über den Sender aus
2 Sprecher (Sender), Hörer (Empfänger), gemeinsames Thema (Inhalt, Botschaft), gemeinsame Sprache (Zeichenrepertoire), die Rahmenbedingungen (Kontext, Position der Gesprächsteilnehmer zueinander), vier Seiten einer Nachricht (Schulz von Thun): Sachebene, Appellseite, Beziehungsebene, Selbstoffenbarung
3 Jugendsprache: Soziolekt, Szenenorientierung, dient sowohl der Abgrenzung nach außen als auch dem Zusammenhalt nach innen; oft Bemühen um besondere Ausdrucksstärke mit ursprünglich provozierender Funktion: „geil", häufig Neigung zu Vulgärsprache
4 Wörter: Zeichen/Ausdruck und Inhalt (Bedeutung), Beziehung entsteht durch Konvention, die zur Norm wird; Semantik: Lehre von der Bedeutung sprachlicher Zeichen
5 Hypotaxe: miteinander (meist durch Konjunktionen) verbundene Haupt- und Nebensätze; Parataxe: Aneinanderreihung von selbstständigen Sätzen (Hauptsätzen)
6 Komma trennt Hauptsätze (erkennbar am Prädikatskern an zweiter Stelle), kann bei *und* oder *oder* weggelassen werden; Komma trennt Hauptsätze und Nebensätze (erkennbar meist am Prädikatskern am Schluss), Komma muss vor *und* stehen, wenn dort ein Nebensatz endet
7 Prädikat(s)kern (finites Verb) als Dreh- und Angelpunkt → Umstellprobe; Subjekt; Ergänzungen/Objekte: Akkusativobjekt, Dativobjekt, Genitivobjekt, Präpositionales Objekt (Adverbiale Bestimmungen der Zeit usw.)
8 Relativsatz als Attributsatz, Adverbialsätze (ersetzen adverbiale Bestimmungen, z. B. Kausalsatz, Temporalsatz usw.), Subjektsatz, Objektsatz, indirekter Fragesatz
9 Kennzeichnung der Aufnahme von Gedanken oder Reden einer anderen Person durch Anführungszeichen, meist Redeeinleitung *(Peter sagte ...)*
Umwandlung in indirekte Rede: Verschiebung der Person (aus *ich* oder *wir* wird *er/sie*, aus *hier* wird *dort*, aus *jetzt* wird *zur Zeit* usw.), Prädikat im Indikativ wird in den Konjunktiv I verwandelt, wenn der identisch mit dem Indikativ ist, dann ausweichen in Konjunktiv II, ggf. Umschreibung mit *würde*, Präteritum wird zum Konjunktiv Perfekt *(Der Flug war heftig → Der Flug sei heftig gewesen.)*, Fragen werden zu indirekten Fragen *(ob)*, Aufforderungen werden mit *sollen* umschrieben
10 Man unterscheidet zwischen: flektierbar und nicht flektierbar; flektierbar: entweder deklinierbar (Nomina, Artikel, Pronomina, Adjektive, Numerale) oder konjugierbar (Verben); nicht flektierbar: Adverbien, Präpositionen, Konjunktionen, Interjektionen
11 These, Hypothese, Argument, Beleg, verifizieren; Beispiele wichtig für Anschaulichkeit

Methoden

1 Kontakt zum Publikum aufnehmen (Augenkontakt, Ansprache, Ruhe herstellen...), Halten des Augenkontaktes; klare, verständliche Sprache und deutliche Aussprache; anschauliche Darstellung durch eindeutige Materialien und Medien, ggf. klare Anknüpfung und Zusammenfassung/Appell am Schluss
2 Lautes und deutliches Sprechen, Betonung des Wesentlichen, Heben und Senken der Stimme, Variation in der Lautstärke, Variation in der Geschwindigkeit, Pausen
3 Cluster (wörtlich *Traube*): assoziative Aneinanderreihung von Begriffen – ausgehend von einem Zentralwort, ohne dass schon eine klare systematische Struktur erkennbar ist; dient der Ideensammlung zu einem Thema und der Bündelung einzelner Gedankengänge
Mind-Map (Gedanken-Landkarte): grafische Darstellung, die Beziehung zwischen Begriffen sichtbar macht; gut geeignet für die Darstellung des systematischen Zusammenhangs eines Sachgebiets, Problems oder Textes; dient der Strukturierung eines Themas durch das Schaffen von Ober- und Unterbegriffen, kann gut zum Erschließen eines Textinhalts herangezogen werden
4 Prüfung der Inhalte, Klärung der Verantwortlichkeit für die Infos und Einschätzen der Vertrauenswürdigkeit; Festhalten der genauen Adresse und des Zeitpunktes, wann die Infos dort eingesehen/eingestellt wurden
5 Wortwörtliche Übernahme mit Anführungszeichen kennzeichnen, Einbau in den eigenen Text, ggf. Hinweise auf Auslassungen und sprachliche Veränderungen oder gar Fehler[sic!], bei wörtlichem Zitieren Angabe der genauen Textstelle, bei sinngemäßer Wiedergabe Angabe der Stelle mit *vgl.*

Seite 10

1

Die entscheidenden Operatoren der Aufgabenstellung sind:

1. Ordnen Sie die Textstelle in den Handlungszusammenhang des Romans ein. Gliedern Sie sie in vier Erzählabschnitte und geben Sie dabei den Inhalt wieder.
2. Analysieren Sie die Textstelle und arbeiten dabei heraus, a) in welcher Situation das Ritual des Vorlesens entsteht und b) welche Bedeutung es für die Liebesbeziehung von Michael und Hanna im weiteren Verlauf des Romans einnimmt.
3. Bernhard Schlink hat mit dem Titel „Der Vorleser" das Motiv des Vorlesens besonders hervorgehoben.
Stellen Sie dar, welche Rolle das Vorlesen im weiteren Verlauf des Romans spielt, und erörtern Sie, inwieweit der Titel dem Geschehen des Romans gerecht wird.

Seite 12–14

2–4

FEHLER!

Schülertext	Korrektur
In der mir vorliegenden Textstelle aus dem Roman_Der Vorleser_verfasst von	Z
Bernhard Schlink_herausgegeben im Jahre 1995_geht es um die Beziehung	Z
zwischen dem 15 jährigen Michael und der 36 jährigen Hanna und dem Vorlesen,	Sb
welches ein zentrales Thema in Bernhard Schlinks Roman „Der Vorleser" ist. In	
dieser Szene entsteht nämlich das Ritual.	Antwort auf Aufgabe ①
kurz vor dieser Stelle (k 9) erreicht Michael die Versetzung ins nächste Schuljahr.	Stil
Diesen Erfolg hat er nur durch Hanna geschafft, da sie ihn dazu gebracht hat,	
zu lernen. Er beschreibt sein damaliges Aussehen, welches er als nicht schön	
empfindet. Zunächst fragt er Hanna nach ihrer Vergangenheit uns erfährt, dass	R
sie in Siebenbügen aufgewachsen war, „mit sieben noch Berlin kam", Arbeiterin	T Zitat ohne Angabe von
bei Siemens geworden" und „mit einundzwanzig zu den Soldaten geraten" ist.	Textstellen
Ihren jetzigen Job mag sie nicht, jedoch nur die Uniform. Michael bekommt aber	Sb
nicht eine Antwort, wenn er etwas genauer wissen möchte. So ist es auch mit der	
Zukunft, er hat nämlich eine bestimmte Vorstellung von seiner Beziehung, doch	A
Hanna interessiert das Ganze nicht.	ungenau
Nach der vorliegenden Textstelle möchte Michael am ersten Tag der Osterferien	
Hanna bei ihrer Frühschicht besuchen, um mit ihr zusammen zu sein, genau des-	
wegen steigt er auch in den zweiten Wagen ein, der leer ist. Doch ignoriert Han-	
na ihn und geht nicht zu ihm. Später macht ihm Hanna schwere Vorwürfe und	A
möchte bei sich erkennen. Die ganze Situation macht Michael traurig (S.47). So	A
nimmt Michael alle Schuld auf sich (S.49). Die Stelle (S. 41-44) ist ganz	
passend zwischen den zwei Szenen, da sich Höhen und Tiefen davor und danach	
ereignen. Dieser Textauszug hat eine wichtige Bedeutung und zwar den Beginn	
des Vorlesens. Der Auszug ist in vier erzählabschnitte eingeteilt.	R
Der erste Erzählabschnitt beginnt_..., wie stressig die letzte Zeit für Michael ge-	√
wesen ist, der Grund dafür_die Regelhaftigkeit, die jedes Mal beim beim Tref-	√ (—)
fen ausgeführt wird (S.41). Er kann sich auch noch ganz genau an das Lernen	
erinnern, damit er das Schuljahr noch schafft. Seine Tage sind voll, wie noch	Gr
nie, dies „lag am Vorlesen". Hanna zeigt Interesse dafür, was Michael in der	
Schule lernt. Im zweiten Abschnitt folgt dann der Dialog für ihr Interesse. Als	√ Seiten-/Zeilenzahl fehlt
Hanna bittet, dass er ihr es vorlesen soll, will er es nicht. Darauf merkt er,	Bz
dass sie ihn ignoriert und erpresst und liest ihr das doch noch vor. Nun ist das	Bz Seiten-/Zeilenzahl!
Ritual das „Vorlesen, duschen, lieben und noch ein bißchen beieinander liegen".	
Im letzten Abschnitt findet Michael, dass Hanna eine aufmerksame Zuhörerin	
ist und ist_glücklich, wenn sie auf ihm eingeschlafen ist.	√
Das Ritual des Vorlesens entsteht, indem sich Hanna dafür interessiert, was	Antwort auf Aufgabe ② a)
Michael in der Schule lerne (S. 42 Z. 19-20). Schließlich kann Hanna nicht	M
lesen und würde gerne auch etwas über die Literatur erfahren, Michael erzählt	
von verschiedenen literarischen Texten, wie Homers Epen, Cicero Reden... (S.42	
Z. 21-23) und liest ihr eine Passage von Odysee vor. Hanna möchte desweiteren,	
dass er ihr etwas vorliest und erpresst ihn, damit er das tut, was sie von ihm	
verlangt. Zudem schmeichelt sie sich bei ihm ein (S. 43 „Du hast so eine	
schöne Stimme Jungchen"...).	
Sie versucht ihre Schwäche zu vertuschen, indem sie ihn auch ignoriert. So ist	
Michael dazu gezwungen, etwas vor zu lesen (S. 43 Z. 14 -15). Michaels Alltag	R
wird ausgeklammert.	
Das Vorlesen hat keine bestimmte Bedeutung für die Liebesbeziehung von Michael	Antwort auf Aufgabe ② b) L
und Hanna im weiteren Verlauf des Romans, weil es immer noch Missverständ-	
nisse und Streitereien gibt (S. 45-48 und 56 „War alles Missverständnis...").	
Nur dass sich Michael durch laute_lesen, alles besser einprägen kann. Er ver-	Gr
fügt dadurch ein großes Allgemeinwissen (k.8). Zudem ist die Beziehung zwi-	
schen Hanna und Michael keine Liebesbeziehung, sondern mehr eine Eltern-Kind-	
Beziehung. Hanna sieht ihn nämlich als Kind (S.53 „Mein Jungchen") und nicht	A
als Partner.	

Im weiteren Verlauf des Romans spielt das Vorlesen eine wichtige Rolle, weil es darum geht, dass Michael nur Hannas Vorleser war und nicht ihr Geliebter (S. 201 „Ich war ihr Vorleser."). Er ist Hannas Vorleser und ihr Nutzobjekt. Bernhard Schlink hat mit Absicht den Titel „Der Vorleser" gewählt, weil Hanna <u>die</u> Analphabetin ist und sich auch von den Gefangenen etwas vorlesen ließ. Das bedeutet, dass die Uberschrift die einzelnen Teile des Romans miteinander verbindet. Sie ist auch das Band zwischen Michael und Hanna, auch als sie sich nicht mehr sehen, liest er ihr noch vor und nimmt das auf, um es ihr zu schicken. Letztlich lernt sie durch ihn lesen. Deshalb ist der Titel sehr gut gewählt.	Antwort auf Aufgabe ③ (–)

Seite 14

6 Erwartungshorizont zur Klausuraufgabenstellung:

1. Einleitender Satz mit: Autor, Titel, Textsorte, Jahr, Thema des Romans

Handlungszusammenhang:
- Ein Tag nach dem ersten Streit zwischen Hanna und Michael; Thema des Streits: M. droht die Wiederholung, M. schwänzt, M.s Arbeitshaltung/Faulheit; H. droht, M. erst wieder zu treffen, wenn er für die Schule arbeitet; M. gibt nach, obwohl er findet, sie habe kein Recht, Treffen von seiner Arbeit für Schule abhängig zu machen; M. hat Schuldgefühle;
- Erster Tag der Osterferien, M. „trifft" H. in Straßenbahn; zweiter Streit; beide glauben, der andere habe ihn nicht kennen wollen; M. gibt wieder nach, obwohl er sich im Recht glaubt; M. Schuldgefühle

Erzählabschnitte:
- Z. 1–28: Bericht über M.s ausgefüllte Tage: Nachholen des Schulstoffs, Treffen mit Hanna
- Z. 29–55: H. interessiert an M.s Schulstoff; H. fordert M. auf, ihr vorzulesen
- Z.56–70: Nächster Tag: neues Ritual entsteht: Vorlesen, Duschen, Bett, Beieinander-Liegen
- Z. 71–87: Bericht über Hannas Reaktionen auf die Texte: mitfühlend, emotional und Bericht über M.s Glück (Beieinander-Liegen)

2.

a) Entstehung des Rituals:
- H. interessiert an M.s Schulstoff (obwohl sie selbst kaum etwas von sich preisgibt), evtl. um ihm nahe zu sein (Z. 29ff.)
- H. fordert M. auf, ihr vorzulesen (Z. 51); H. lügt, sie möchte seiner Stimme wegen lieber ihm zuhören, statt selbst zu lesen (Z. 53f.) *(Vorgriff: Analphabetin)*
- H. entzieht sich ihm, erst soll er vorlesen (Z. 57f.) *(„Erpressung")*
- Beabsichtigt H., dass M. ihr vorliest? *(Vorgriff: Verbindung zu H.s Zeit als KZ-Aufseherin)*
- Fehlender sozialer (Außen-)Kontakt wird durch die literarische Welt ersetzt; fehlende gemeinsame Unternehmungen werden durch gemeinsames Miterleben der Geschehnisse der Trauerspiele ersetzt
- literarisches Geschehen sorgt für Gesprächsstoff
- M. nach anfänglicher Weigerung froh über das neue Ritual (Z. 62ff.)

b) Bedeutung für Liebesbeziehung im weiteren Verlauf:
- M. muss sich fragen, ob auch H. ihn nur für ihr Ritual benutzt hat ← H. hat sich als KZ-Aufseherin von jungen, schwachen, zarten (S. 153) Lagerinsassinnen vorlesen lassen, habe ihre „Lieblinge" gehabt
- M. liest ihr auf Kassette vor, als er unter Schlaflosigkeit leidet (nach Scheidung), immer wieder an H. denkt → er nutzt das Vorlesen zur eigenen Konzentration, zur Beruhigung und Selbstvergewisserung, zur Verarbeitung der Vergangenheit
- M. nimmt seine alte Rolle als Vorleser wieder ein und ermöglicht es H. (unbewusst?) Lesen zu lernen

3.
- Thematik des Vorlesens in allen „Romanteilen" unterschiedlich ausgeprägt: als Teil des Liebesrituals, in der Gerichtsverhandlung (Aufdeckung von Hannas „Taten" als Aufseherin / Analphabetismus), während Hannas Haft (nach M.s Scheidung), bei der Übergabe des Geldes an die überlebende Tochter in den USA sagt er „Ich war ihr Vorleser" (S. 201)
- Das Motiv des Vorlesens verbindet die heterogenen Teile des Romans miteinander
- Titel „Der Vorleser" vermeidet alle sensationellen Assoziationen / erwähnt andere Themengebiete nicht, es wird nicht auf die Liebe eines Jungen und einer ehemaligen KZ-Aufseherin angespielt, nicht auf gerichtliche Aufarbeitung von NS-Prozessen, nicht auf das Problem eines Mannes, seine Vergangenheit / Erlebnisse / Erste Liebe zu verarbeiten.

Darstellungsleistung: Die Schülerin / der Schüler ...
- strukturiert seinen Text schlüssig, stringent und gedanklich klar, deutet die Analyseergebnisse im Hinblick auf den Inhalt,
- drückt sich allgemeinsprachlich präzise, stilistisch sicher und begrifflich differenziert aus,
- formuliert unter Betrachtung der fachsprachlichen Anforderungen, bezieht die Aussagen aufeinander, beachtet die Tempora,
- formuliert syntaktisch sicher, variabel und komplex,
- schreibt sprachlich richtig,
- belegt die Aussagen durch angemessenes und korrektes Zitieren.

Seite 15

2

Aussage: Das Führen eines Portfolios ermöglicht, ...	☺	☹
... den Lernprozess selbstständig zu steuern und diesen hinsichtlich des Lernzuwachses auch selbst zu beurteilen.	X	
... die Kompetenzbereiche des Deutschunterrichts je nach Wissen und Können individuell zu vertiefen		X
... das Wissen zu einem Thema anhand ausgewählter Fragen zu vertiefen.		X
... sich eigenständig mit Texten, der Rechtschreibung und der Grammatik auseinanderzusetzen.	X	
... unterschiedliche Arbeitstechniken kennenzulernen und einzuüben.	X	
... den eigenen Lernprozess zu reflektieren und sowohl Lernerfolge als auch Schwierigkeiten wahrzunehmen und einzuschätzen.	X	
... die eigene Leistung zu beurteilen.	X	
... im eigenen Lerntempo Bereiche zu erarbeiten und das eigene Zeitmanagement zu optimieren.	X	
... eigene Schwächen zu erkennen und eigenständig zu verbessern.	X	
... eigene Lernstrategien systematisch zu erarbeiten.	X	

Seite 16

3,4,5,6 Individuelle Lösungen

Seite 17

7

Kriterien	gut gelungen	verbesserungswürdig	Vorschläge
Inhalt • Vollständigkeit • Struktur • In sich geschlossener, gedanklich klarer Text			
Textauswahl • Abwechslungsreichtum (Textsorten, Produkte, Ausführungen)			
Überarbeitung • Sorgfalt (Seitenrand, saubere Schrift bei handschriftlich verfassten Seiten), angemessene Schriftgestaltung (bei mit dem PC verfassten Seiten) • Sprachliche Richtigkeit (Rs, Gr, Z) • Syntaktisch korrektes Formulieren (variable Satzanfänge, Satzbau, richtige Zeitenfolge, Verb in Endstellung im Nebensatz...)			
Prozess			
Reflexion • Mit angemessenem Vokabular begründete Aussagen (Fachbegriffe, keine Umgangssprache, angemessener Ausdruck)			
Layout • Ansprechende und übersichtliche Gestaltung (Titelblatt, Inhaltsverzeichnis, Seitenzahlen, Überschrift zu jeder Aufgabe) • Kreativität (besondere Art der Ausgestaltung)			

8 Individuelle Lösungen

Seite 18/19

1

Entscheidend für das Verstehen von schriftlichen Aufgaben sind die <u>Operatoren</u>, d.h. die <u>Verben</u>, die <u>angeben</u>, welche <u>Leistung zur Lösung einer Aufgabe</u> erbracht werden soll.

2/3

kursiv = Reproduktion, **fett** = Reorganisation, <u>unterstrichen</u> = Transfer, Problemlösung

Tätigkeiten	Operator
Aus einem Text Informationen, Aspekte eines Sachverhalts, Fakten entnehmen	*(be)nennen*
Textaussagen oder Sachverhalte in eigenen Worten strukturiert und fachsprachlich richtig darstellen	*beschreiben*
Inhalte, Zusammenhänge in eigenen Worten sachlich und fachsprachlich richtig formulieren	*wiedergeben*
Inhalte, Aussagen, Zusammenhänge komprimiert und strukturiert fachsprachlich richtig darstellen	**zusammenfassen**
An Texten, Textaussagen, Problemstellungen, Sachverhalten kriterienorientiert bzw. aspektgeleitet arbeiten	**untersuchen, erschließen**
Einen Inhalt, eine Aussage, eine Problemstellung, einen Sachverhalt in einen vorgegebenen oder selbst gewählten Kontext einbeziehen	**einordnen**
Texte, Textaussagen, Problemstellungen, Sachverhalte unter vorgegebenen oder selbst gewählten Aspekten auf der Grundlage von Kriterien gegenüberstellen, in Beziehung setzen und analysieren, um Gemeinsamkeiten, Unterschiede, Teil-Identitäten, Ähnlichkeiten, Abweichungen oder Gegensätze ermitteln zu können	**vergleichen**
Textaussagen, Sachverhalte auf der Basis von Kenntnissen und Einsichten differenziert darstellen und durch zusätzliche Informationen und Beispiele veranschaulichen	**erläutern (incl. erklären)**
Analyseergebnisse, Textaussagen, Sachverhalte, Problemstellungen mit vorgegebenen oder selbstgewählten Aspekten in Verbindung bringen	**in Beziehung setzen**
Unter Berücksichtigung des Wechselbezuges von Textstrukturen, Funktionen und Intentionen, der erfassten zentralen strukturbildenden genretypischen, syntaktischen, semantischen und stilistisch-rhetorischen Elemente und ihrer Funktion für das Textganze Ergebnisse der Textbeschreibung in einen Erklärungszusammenhang bringen	<u>deuten</u>
Hinsichtlich eines Textes, einer Textaussage, der ästhetischen Qualität eines Textes, eines Sachverhalts, einer Problemlösung, einer Problematik ohne subjektiven Wertebezug mit Bezug auf Fachwissen und -erkenntnis zu einem selbstständigen, begründeten Sachurteil gelangen	<u>beurteilen</u>
Wie Operator „beurteilen", verbunden mit der Offenlegung begründeter eigener Wertmaßstäbe, die sich aus ausgewiesenen Normen und Werten ableiten	<u>bewerten</u>
Die Einschätzung einer Problemstellung, Problemlösung eines Sachverhaltes, einer Wertung auf der Grundlage fachlicher Kenntnis und Einsicht nach kritischer Prüfung und sorgfältiger Abwägung formulieren	<u>(kritisch) Stellung nehmen</u>

Tätigkeiten	Operator
Ein Analyseergebnis, Urteil, eine Einschätzung, eine Wertung fachlich und sachlich absichern (durch einen entsprechenden Beleg, Beispiele, eine Argumentation)	begründen
Zu einer (fachlichen) Problemstellung oder These eine Argumentation entwickeln, die zu einem begründeten und nachvollziehbaren Ergebnis führt	sich auseinander setzen mit
Eine Textaussage, These, Argumentation, Analyseergebnis, einen Sachverhalt auf der Grundlage eigener Kenntnisse, Einsichten oder Textkenntnis auf ihre/seine Angemessenheit hin untersuchen und zu Ergebnissen kommen	prüfen, überprüfen
In Verbindung mit einer Textvorlage auf der Grundlage einer konkreten Arbeitsanweisung einen eigenen Text unter Benennung der notwendigen Entscheidungen und Arbeitsschritte planen	entwerfen
In Verbindung mit einer Textvorlage, auf der Grundlage einer konkreten Arbeitsanweisung einen eigenen Text nach ausgewiesenen Kriterien erarbeiten	gestalten

5

Analysieren (interpretieren) eines literarischen Textes oder eines Sachtextes

Literarische Texte:

- **Texterfassung, Textbeschreibung, Textdeutung** unter Berücksichtigung des Wechselbezuges von *Textstrukturen*, Funktionen und Intentionen, *Erfassen* zentraler strukturbildender genretypischer, syntaktischer, semantischer und stilistisch-rhetorischer Elemente und ihrer Funktion für das Textganze
- *Kontextualisierung* (historischer und aktueller Verstehenshorizont)
- *Reflektierte Schlussfolgerungen* auf der Grundlage der Ergebnisse der Textdeutung ziehen

Sollte eine Wertung oder Beurteilung gewünscht sein, wird dies ausdrücklich in der Aufgabenstellung formuliert.

Sachtexte:

- **Texterfassung, Textbeschreibung, Textuntersuchung:** *Zusammenhang Textstruktur und Textintention*, strukturbildende semantische, syntaktische Elemente unter Berücksichtigung der sprachlichen Funktion,
- Wirkung: *Erfassen* der pragmatischen Struktur des Textes unter besonderer Berücksichtigung der Argumentationsweise
- *Reflektierte Schlussfolgerungen* ziehen aus dem Zusammenspiel von Struktur, Intention und Wirkung im Rahmen des historischen und aktuellen Verstehenshorizontes

Sollte eine Wertung oder Beurteilung gewünscht sein, wird dies ausdrücklich in der Aufgabenstellung formuliert.

Erörtern: eine These oder Problemstellung, eine Argumentation durch Für-und-Wider- bzw. Sowohl-als-Auch-Argumente auf ihren Wert und ihre Stichhaltigkeit hin abwägend prüfen und auf dieser Grundlage eine Schlussfolgerung bzw. eigene Stellungnahme widerspruchsfrei dazu verfassen

Seite 22

1

A→c, B→a, C→b

2

Szene: kleinste Einheit eines Dramas oder Films
Monolog: laut geführtes Selbstgespräch einer Person [auf der Bühne]
Exposition: in die Handlung einführender Teil eines Dramas, meist als 1. Akt oder Prolog
Katastrophe: abschließender Wendepunkt des Dramas, bei dem der Held dem Untergang entgegensteuert
Akt: Abschnitt eines Theaterstücks, meist durch Schließen und Öffnen des Vorhangs begrenzt

3

„Die Mutter ...“→ klassisches Drama, direkte Anrede in dialogischer Form

✗ „Der Erzähler ...“ → episches Theater, ein Erzähler (kommt im klassischen Drama nicht vor) wendet sich an das Publikum

„Der Hofnarr ...“→ klassisches Drama, der Hofnarr spricht mit dem König

✗ „Beobachter ...“→ episches Theater, ein Beobachter steht immer außerhalb des Geschehens, wendet sich hier mit einer Frage direkt an das Publikum, zerstört die Illusion

✗ „Frau am Brunnen ...“ → episches Theater, das Publikum erhält eine Information von der Frau am Brunnen, die sich nicht durch die Handlung erschließen lässt

„Das Mädchen ...“ → klassisches Drama, das Mädchen antwortet seinem Vater

Seite 23

4

Klassisches Drama	Episches Theater
– Gebundene Sprache – Fünf-Akt-Schema – Retardierendes Moment – Chronologische Abfolge der Handlung – Exposition	– Umgangssprache – Offene Form
– Identifikation mit dem Helden	– Figur des Erzählers – Kritische Distanz
– Was passiert am Ende?	– Wie kommt es zu dem Geschehen?

Seite 24–26

1

✗ Friedrich Dürrenmatt war einer der bekanntesten Schweizer Schriftsteller.

✗ Die Physiker thematisiert die Grundfrage nach der **Verantwortung** der Wissenschaft.

✗ Die Physiker ist eine **Komödie** in zwei **Akten** ohne weitere szenische Einteilungen.

✗ Drei Physiker, die sich als geisteskrank ausgeben, stehen im Mittelpunkt der Handlung.

✗ Möbius behauptet zum Schutz, ihm erscheine König Salomo.
✗ Um an Möbius' Erkenntnisse zu gelangen, haben sich Newton und Einstein ins Irrenhaus einweisen lassen.
✗ Die Physiker ermorden die Krankenschwestern, weil sie um ihre Geheimnisse fürchten.
✗ Die Physiker schließen einen Pakt, um die Welt vor dem Untergang zu bewahren.
✗ Mathilde von Zahnd glaubt im Auftrag König Salomos mit der Formel die **Weltherrschaft** zu erringen.
✗ Die Physiker haben keine Möglichkeit, Zahnds Pläne zu verhindern, weil sie durch die von ihr initiierten Morde öffentlich als Verrückte gebrandmarkt sind und im Irrenhaus bleiben.
✗ Dürrenmatt will wie Bertolt Brecht beim Zuschauer Distanz zum Geschehen auf der Bühne erzeugen.

Seite 28

3
In dem Gespräch zwischen Möbius und Monika geht es zum einem um die Absicht Schwester Monikas, mit Möbius die Anstalt zu verlassen und eine Familie zu gründen, weil sie erkannt hat, dass er nicht verrückt ist, sondern seine Genialität nur dahinter versteckt. Möbius gesteht ihr zwar auch seine Zuneigung, will aber unbedingt in der Anstalt bleiben. So versucht er sie von der Idee abzubringen und behauptet weiterhin, dass ihm König Salomo erscheine.

4
Die beiden Pfeile, die voneinander wegzeigen, da Möbius in Panik ausbricht, als Monika von einer Heirat und dem Leben außerhalb spricht. Beide zielen in unterschiedliche Richtungen.

Seite 29

5
An den Äußerungen Möbius „Ich habe einen schweren Fehler begangen. Ich habe mein Geheimnis verraten, ich habe Salomos Erscheinung nicht verschwiegen. Dafür lässt er mich büßen. Lebenslänglich. In Ordnung. Aber Sie sollen nicht auch noch bestraft werden. In den Augen der Welt lieben Sie einen Geisteskranken. Sie laden nur Unglück auf sich. Verlassen Sie die Anstalt, vergessen Sie mich. So ist es am besten für uns beide." (Zeile 10-15), wird das Dilemma deutlich, in dem er steckt.

6
✗ Der Autor versucht am Schicksal des Physikers Möbius aufzuzeigen, dass der wissenschaftlich-technische Fortschritt in falsche Hände geraten und deshalb für alle Menschen fatale Folgen haben kann und dass ein einzelner Mensch nicht die Macht hat, ein Problem zu lösen, das alle angeht.

Aussage 1 und 2 gehen beide in dieselbe Richtung, wobei Aussage 2 zu pauschal formuliert ist und die genauen Inhalte unberücksichtigt lässt. V.a. der Hintergrund der Entstehungszeit (der kalte Krieg in Europa) rückt Dürrenmatts „Moral" angesichts eines für den Einzelnen nicht fassbaren Machtsystem in Zentrum des Stückes.

7 Erwartungshorizont
Einleitungssatz: Die Physiker, Komödie, Friedrich Dürrenmatt, 1962, (Streit-)Gespräch über Monikas Pläne für eine gemeinsame Zukunft mit Möbius, offene Form – keine fünf Akte
Stellung der Szene im Handlungsverlauf: Zurückweisung seiner Familie vonseiten Möbius, gegenseitiges Liebesgeständnis (Monika und Möbius), Einsteins Warnung, spätere Ermordung Monikas, Schluss des 1. Aktes
Inhalt der Szene: beiderseitige Liebeserklärung, in der Möbius erkennt, dass er keine Chance hat, Schwester Monika von ihrer Idee abzubringen; er fürchtet, dass er die Geheimhaltung seiner Manuskripte nicht wahren kann; Rollenverteilung im Gespräch gegensätzlich (Schwester Monika sowohl aufgrund ihres Status als „Normale" und Krankenschwester wie auch als aktiv und aggressiv Planende in der überlegenen Stellung; Möbius als reaktiver Verteidiger in der unterlegenen Stellung), mit deutlichen Entsprechungen in den Redeanteilen, Gesprächsinitiative anfangs (bis Z. 15) bei Möbius (Überzeugungsarbeit), dann ausschließlich bei Monika.
Verhaltensweisen der Beteiligten im Gespräch: Schwester Monika reagiert durchweg sehr emotional, legt jede Zurückhaltung ab, redet „schamlos" (Z. 19), bedrängt Möbius verbal und körperlich, indem sie Teile ihrer Schwesternkleidung ablegt; versucht durch überschäumende Aktivität zu überzeugen, Möbius verhält sich zuerst sachlich und ruhig, schafft eine kontrollierte Gesprächssituation, versucht argumentativ zu überzeugen, zeigt dann extrem emotionales Verhalten (packt sie, lässt sie fahren, starrt sie an) als Zeichen innerer Zerrissenheit; scheint zum Ende hin (verbal) nachzugeben, jedoch wirken die anschließenden Bühnenanweisungen bedrohlich.
Motive der Beteiligten für ihr Handeln: Schwester Monika liebt Möbius und plant eine gemeinsame Zukunft mit ihm; sie möchte wie eine Geliebte behandelt werden, ihn heiraten und Kinder mit ihm haben; sie hasst ihren Beruf, plant einen gemeinsamen Neuanfang in Blumenstein; hält die Gelegenheit für günstig. Möbius hält die Verwirklichung der Liebesbeziehung trotz seiner Gefühle Monika gegenüber für unmöglich, weil unvernünftig, ist davon überzeugt, sein Dasein in der Anstalt als lebenslanges Schicksal akzeptieren zu müssen. Als Motiv gibt er an, „Salomos Erscheinung nicht verschwiegen" (Z. 11 f.) zu haben, eine Begründung, die dem Zuschauer/Leser an dieser Stelle noch unklar bleibt.
Sprachliche Mittel im Streitgespräch (Ausrufe und Fragen als Zeichen der emotionalen Betroffenheit und inneren Zerrissenheit): → Fazit: Streit zeigt die Unvereinbarkeit der Positionen
Funktion der Szene: große Bedeutung für die Kernhandlung, Möbius versucht mit allen Mitteln seine Manuskripte und die Weltformel der Öffentlichkeit unter Verschluss zu halten und schreckt vor nichts zurück

Wirkung dieser Szene auf den Zuschauer: Verwirrung, Geschocktsein angesichts der heftigen Auseinandersetzung, Unklarheit über Möbius' wahre Motive, Zweifel an seiner Verrücktheit, Erahnen des Stimmungsumschlags und der Verdüsterung der Lebensperspektiven von Schwester Monika und Möbius
Vermutungen hinsichtlich des weiteren Verlaufs der Komödie: Klärung folgender Fragen:
Welche Motive leiten Möbius tatsächlich?
Welche Verbindung besteht zwischen den drei Physikern?
Wie ist das Verhalten der Chefärztin zu beurteilen? etc.

Seite 31

1
Metrum: auch: Versmaß, regelmäßige Abfolge von Hebungen (x́) und Senkungen (x)
Versfuß: auch: Takt, Einheit von betonter und unbetonter Silbe bzw. von einer Hebung und einer oder mehrerer Senkungen
Daktylus: Versmaß, bei dem auf eine betonte zwei unbetonte Silben (x́ x x) folgen
Jambus: Versmaß, bei dem eine unbetonte und dann eine betonte Silbe (x x́) aufeinanderfolgen

2
Morgenstern: Paarreim: aa bb ; Wedekind: Kreuzreim: ab ab; Gernhardt: umarmender Reim: abba, Dach: Kreuzreim: ab ab cd cd

Seite 32

3
Jambus: Dein Herz gleicht ganz dem Meere x x́/x x́/x x́/x
Trochäus: Immer wenn es regnet x́ x/x́ x/x́ x
Daktylus: Seltsam im Nebel zu wandern x́ x x/x́ x x/ x́ x
Anapäst: Schenke groß oder klein x́ x/x́ x/x́

Seite 33

4 Individuelle Lösungen

5
In dem Gedicht „Auf und davon" von Ulla Hahn wird das Gefühl des Verlassenwerdens von einem Geliebten thematisiert.

6
Fortgeführt wird die Anstrengung, endlich zu vergessen, in der **dritten** Strophe.
In der **ersten** wird ausgedrückt, dass das lyrische Ich vom Geliebten verlassen wurde.
Die **zweite** Strophe greift das Gefühl auf und zeigt bildhaft die Gefühle des Verletztwordenseins.

Seite 34

7
Im Gedicht wechseln regelmäßig betonte und unbetonte Silben.

8
Der Rhythmus wird geprägt durch den Hakenstil (Enjambement, also ständige Zeilensprünge). Er bildet den endlosen Gedankenfluss des lyrischen Ichs in seiner emotional schwierigen Phase ab. Das lyrische Ich kann nicht „auf andere Gedanken kommen". Es ist besetzt von der Trauer.

9
traurig (Vers 3 und 4), sacht (Vers 10), kühl (Vers 14), gut (Vers 17)

10
Metapher: Hab gesponnen das Gold zu Stroh (Vers 1f.) → die ehemals „goldenen" Zeiten werden zu Stroh, also abgedroschen und unnütz (Auftaktbild: Sturz von Glück ins Unglück)
Personifikation: scher dich mein Herz (Vers 18) → Das Herz, das ihr den Kummer bereitet – wird wie der Geliebte davon gejagt, um ihr keine Schmerzen mehr bereiten zu können (Ende des Textes: Sich dem Leben nach dem Schmerz stellen wollen)

11
✗ Traurigkeit über eine private Enttäuschung bestimmt das Gefühlsleben. Strophe 1, Vers 3
✗ Die Resignation durch das Verlassenwerden ist dominantes Gefühl. Strophe 2, Vers 3
✗ Der Traum vom Neubeginn der vergangenen Beziehung wird erwogen. Strophe 3 , Vers 2

Seite 35

12
A) → a) B) → c) C) → d) D) → b)

13
Schülerlösung: Das Gedicht „Auf und davon" wurde 1980 von Ulla Hahn verfasst und beschreibt die Liebe und das Leiden einer Person, nachdem diese von ihrem Liebsten verlassen wurde.
Das Gedicht ist in drei Strophen unterteilt, die unterschiedlich viele Verse haben. Die erste und die dritte Strophe haben sieben, die zweite Strophe nur sechs Verse. Darüber hinaus besteht die erste Strophe aus nur einem und die anderen beiden Strophen aus zwei Sätzen. Die Punkte am Satzende sind die einzigen Satzzeichen in dem Gedicht.
Im gesamten Gedicht gibt es keine Endreime und die Verse enden als Zeilenumbruch und die Sätze führen über das jeweilige Versende hinaus (Enjambement), was die ausweglose „Verstricktheit" des lyrischen Ichs in die eigene Gefühlswelt symbolisiert.

Das Gedicht ist aus der Sicht eines weiblichen lyrischen Ichs geschrieben. Ein Hinweis auf das Geschlecht des lyrischen Ichs ist das Wort „allerliebster“ (V. 6; 19) und die Erzählung seiner Taten „er war's“ (V. 10), „ist er geritten“ (V. 12). Wäre das lyrische Ich ein Mann, würde es von der Allerliebsten sprechen und was sie getan hätte.
Jede Strophe spielt auf ein anderes Märchen der Brüder Grimm an. In der ersten Strophe schildert das lyrische Ich seine Trauer, nachdem der Liebste es verlassen hat. „Hab' gesponnen das Gold zu Stroh“ (V. 1, 2) entspricht einem Bild aus „Rumpelstilzchen“, nur das dieser das Stroh zu Gold macht. In diesem Fall steht das Gold für die schöne, gemeinsame Zeit der Liebenden, die immer mehr zu Stroh (dürres, trockenes, unbelebtes Material) wird, bis der Liebste das lyrische Ich verlässt.
Die zweite Strophe zeigt, dass das lyrische Ich sich hintergangen fühlt. Das lyrische Ich hat dem Liebsten vertraut, doch dieser zerstört diese Vertrautheit – er zerschneidet Rapunzels (zweite Märchenanspielung) Zopf des Vertrauens - lässt sie zurück und nimmt ihre Liebe mit sich.
Die Schmerzen dieses Verrats werden in der dritten Strophe deutlich, wenn das lyrische Ich von seinem Blut redet (V. 15). In Umkehrung des Schneewittchen Satzes (dritte Märchenanspielung), soll hier kühlender Schnee in das heiße Blut (der enttäuschten Liebe) getropft werden. Das lyrische Ich bittet den Liebsten zurückzukommen und sich zu entschuldigen, um „wieder gut genug“ (V. 16, 17) für es zu werden. Das Zurückkommen könnte der kühlende, heilende Schnee in der Seele der Liebenden sein.
Am Ende gibt das lyrische Ich es auf, den Liebsten zurückzuwünschen und schickt ihm ihr gebrochenes Herz hinterher.
All dies bestätigt, dass es im Kern des Gedichts um die Trauer und das Leiden einer Liebenden geht, die verlassen wurde, also um die einseitige Beendigung einer Liebesbeziehung und das Leid der Zurückgelassenen.
Das Gedicht von Ulla Hahn spricht mich besonders deshalb an, weil ich selbst schon einmal in dieser Situation des „Verlassenwordenseins“ gewesen bin. Ich kann also die Verzweiflung über die Zerstörung des Vertrauens und die Wut über das Zurückgewiesenwerden gut nachvollziehen. Das Ende des Gedichtes, also das Loslassen der vergeblichen Liebe und das Abschließen einer Erfahrung, kann für viele Menschen durchaus nützliche Lebenshilfe bieten und zum Weiterleben nach der leidvollen Erfahrung Mut machen.

Seite 36

1

Mögliche Lösung: Ende einer Ehe, Titel weist Widerspruch auf, die beiden haben sich nichts mehr zu sagen

Seite 37

2

Inhalt			
Textsorte/Gedichtart, Titel, Thema, Autor/-in, Entstehungszeit Gedicht, Liebeslyrik, „Sachliche Romanze“, scheiternde Beziehung, Erich Kästner, um 1920, Moderne			
Inhaltliche Schwerpunkte Sprachlosigkeit am Ende einer Beziehung, Resignation, Menschen sind traurig			
Sprecher/Sprechhaltung Auktorialer Erzähler, distanzierte Haltung			
Ääußere Form			
Strophenzahl 4	**Verse pro Strophe** insgesamt 17, 3 × 4 und einmal 5	**Reimschema** abab cdcd efef ghggh Kreuzreim	**Metrum** unregelmäßig
Sprachliche Gestaltung			
Auffällige Adjektive gut, traurig	**Auffällige Verben** betrugen, versuchten	**Auffällige Nomen** Klavier, Tassen	**Auffällige Adverbien** abhanden, weiter
Besondere sprachliche Mittel (Sprachbilder, Klangfiguren o.Ä.) Oxymoron (Überschrift), Sarkasmus (V. 2), Parenthese (V. 2), Vergleich (V. 4), Antithese (V. 5)			
Syntaktische Gestaltung Kurze, klare Sätze, Parataxe, Aufzählungen, Wiederholungen			
Wirkung			
Das Gedicht wirkt einerseits nüchtern durch den Satzbau und liest sich wie eine Beschreibung, andererseits wirkt es dadurch umso trauriger, weil der Inhalt und die Wortwahl das Ende einer Beziehung aufzeigen.			

Seite 38

3

Erich Kästner will zeigen, dass eine Beziehung auch nach vielen Jahren in die Brüche gehen kann und dass selbst zu diesem Zeitpunkt, auch wenn beide Partner das so wollen und wenn sie wissen, dass die Beziehung gescheitert ist, eine große Traurigkeit damit verbunden ist.

4

Analyse und Interpretation

Das Gedicht „Sachliche Romanze“ von Erich Kästner handelt von einer scheiternden Beziehung. (Einleitungssatz – Jahr fehlt; sehr knapp)
Nach meinem ersten Leseeindruck will der Autor uns mit dem Gedicht sagen, dass eine Beziehung auch nach mehreren Jahren noch in die Brüche gehen kann. (Deutungshypothese – oberflächlich, sprachlich nicht gelungen „uns“ z. 3)
Das Gedicht besteht aus 17 Versen in 4 Strophen. Die ersten vier Strophen bestehen aus vier und die letzte Strophe aus fünf Versen. Das Reimschema lautet abab cdcd efef ghggh, bildet also in den ersten 4 Strophen einen Kreuzreim und weicht davon nur in der letzten Strophe ab. (Formaler Aufbau – Metrum fehlt)
Schon in der ersten Strophe wird die lakonische Schreibweise deutlich, die durchweg anhält. Erich Kästner verwendet dem Titel entsprechend, sachliche Sätze. Die erste Strophe enthält komprimiert bereits den zentralen Inhalt der Geschichte: (Fehler hier und in der Folge:)

Das lyrische Ich (→ richtig: der Sprecher) sagt aus, dass es schon seit acht Jahren die beteiligte Person kannte, und die Liebe „abhanden" (V. 3.) kam.
Strophe zwei handelt vom Status der Beziehung und wie die Krise letztendlich offensichtlich wurde. Dabei versucht das lyrische Ich (Fehler) und sein Gegenüber, alles so wie immer scheinen zu lassen (V. 6.). Die Passivität wird nur einmal vom Weinen der Frau durchbrochen (V. 8.) (Fehler) Das lyrische Ich, der männliche Partner in der Beziehung, versucht in Strophe 3 so zu tun, als wäre nichts geschehen („Er sagt, es wäre schon Viertel nach vier", V. 10). Danach „gingen [sie] ins kleinste Café am Ort (Strophe 4; V. 13), unternehmen also einen erneuten Versuch eines gemeinsamen Erlebens, der jedoch ebenfalls scheitert, („[...] und sie sprachen kein Wort" (V. 16), weil beide indirekt fühlen, dass ihre Beziehung am Ende ist. (Aufbau und Deutung – Ausführlichere Interpretation nötig)
Analysiert man das Liebesgedicht auf sprachliche Mittel, so fällt auf, dass es genau so sachlich ist, wie der Titel es schon aussagt. Erich Kästner verzichtet fast durchgängig auf typischen Stilmittel (Grammatik) wie Metaphern, Personifikationen oder Vergleiche. Das Gedicht wirkt fast wie eine Geschichte, also ein Text in Prosa. Es fällt jedoch das Oxymoron in der Überschrift ins Auge und die sarkastische Bemerkung aus Vers 2 („und man darf sagen: sie kannten sich gut). Durch den Widerspruch in der Überschrift bekommt das Gedicht einen unwirklichen Charakter bzw. eine Verharmlosung. (Grammatik) Kästner versucht, es ironisch, sogar sarkastisch wirken zu lassen, was besonders durch den Vers 2 unterstützt wird. Hieran merkt man wie hilflos das lyrische Ich dargestellt ist. In den beiden Strophen 2 und 3 versucht das lyrische Ich der negativen Entwicklung entgegen zu wirken, aber es scheint schon alles verloren, was sich am Ende in der letzten, formal abweichenden Strophe zeigt. Sie besteht als einzige aus fünf Versen und wird von einem undefinierbaren Reim „beherrscht". Die Hilflosigkeit wird im Vers 17 deutlich, der mit einem Enjambement an den Rest des Gedichts „angehängt" ist. (Sprachliche Mittel und Deutung)
Vergleiche ich die Interpretation nun mit meiner Interpretationshypothese, so werde ich bestätigt. Zieht man auch noch die Biografie von Kästner zu Rate, so wird deutlich, dass das lyrische Ich mit dem Autor gleichgesetzt werden kann. Bei Kästner ging nach 8 Jahren die Beziehung mit Ilse Julius zu Ende, weil sie sich auseinander gelebt hatten. Zusätzlich kann man sagen, dass dieses Gedicht absolut zeitlos ist und theoretisch in fast jeder Epoche der Literatur seinen Platz finden würde, weil die Liebe zu allen Zeiten ein Thema in Gedichten war. Des Weiteren wird auf beschönigende Stilmittel verzichtet, sodass der Titel auch auf das Gedicht zu trifft. (Einordnen in Kontext und Bezug zur Deutungshypothese – Vertiefung nötig)
Abschließend ist zu sagen, dass Kästner dieses Gedicht gut gelungen ist, weil er ein Beziehungsproblem ohne Beschönigung präsentiert. (Eigene Meinung – Bessere Begründung wünschenswert)

Seite 39

5

Beispiellösung:
Erich Kästners Gedicht „Sachliche Romanze" entstand um 1926 zur Zeit der „Neuen Sachlichkeit". Diese Literaturepoche zeichnet sich unter anderem durch die Wahl zeitloser und überindividueller Themen aus. Das Gedicht handelt von einem Paar, welches schon lange zusammenlebt und das eines Tages feststellt, dass seine Liebe erloschen ist.
Vermutlich will Kästner auf die Tatsache hinweisen, dass eine Liebe oft plötzlich und unerwartet zerbricht, dass es aber auch schleichend geschehen kann und dann eigentlich absehbar ist. Auch wenn das Ergebnis dasselbe ist: Man steht vor den Scherben einer vielleicht vielversprechend begonnenen Liebe, deren Ende beide schmerzerfüllt und ratlos zurücklässt.
Das Gedicht besteht aus vier Strophen mit jeweils vier Versen, bis auf die 4.Strophe, die aus fünf Versen, besteht. Es wurden ausschließlich Kreuzreime benutzt bis auf einen unreinen Reim (V1, V3) und einen umarmenden Reim (V13, V15, V16), die womöglich durch die unregelmäßige Silbenanzahl von Strophe zu Strophe erklärbar sind. Auffällig ist, dass der Text gänzlich im Präteritum verfasst ist und dies den Umstand abhanden gekommener Liebe sowohl unterstützt als auch verdeutlicht. Dadurch wird auch eine eher erzählende Wirkung erzielt, fast wie in einem epischen Text. Der Erzähler ist auktorial. Man könnte sagen, dass die „Sachliche Romanze" an eine Ballade erinnert, die eine zeitlose Thematik aufgreift.
Bereits in der ersten Strophe wird der Rhythmus des gesamten Gedichtes vorgegeben. Kästner verwendet hier einfach gebaute Sätze, die sich oft über mehrere Verse erstrecken. Jedoch wirken sie trotz des Enjambements eher „abgehackt" als kunstvoll miteinander verbunden, was auch auf das unregelmäßige Metrum zurückzuführen ist. Dies wird noch durch die häufige Verwendung der Konjunktion *und* unterstützt (V. 2, 7, 11, 14 und 17), die ein gewisses lapidares Stakkato erzeugt.
Schon die Überschrift des Gedichtes erzeugt ein Gefühl der Befremdung, verbindet man im „Normalfall" eine Romanze doch mit Liebe, Romantik und eben hingebungsvoller Liebe, die ohne-den-andern-nicht-existieren-könnende-Liebe. Hier jedoch wird durch das Oxymoron die Liebe als etwas ganz Sachliches näher bestimmt.
Dies wiederum lässt die Stimmung des Pärchens erahnen, welches seine Liebe zueinander verloren hat, wie andere Leute „ein[en] Stock oder Hut" (V. 4) Die Entfremdung voneinander, die das Paar gerade durchlebt, wird dadurch hervorgehoben, dass Kästner die Liebe, das Höchste der Gefühle, zu dem ein Mensch im Stande ist zu empfinden, mit einer Sache vergleicht.
Das Thema des „Sachlichen" wird im Text auch durch die nüchterne Sprache unterstrichen, so verzichtet Kästner fast gänzlich auf Metaphern, Symbole oder andere Stilmittel. Eine Ausnahme stellen die Anaphern in der letzten Strophe (vgl. V. 13, 15, 16) dar. Die Hoffnungslosigkeit des Paares, ihre stille Trauer über die verlorengegangene

Liebe wird eher auf der Ebene der Syntax hervorgehoben. Ihre lapidare Schlichtheit ist Spiegel des lapidaren Eingeständnisses des Beziehungsendes.
In der zweiten Strophe begreift das Paar langsam, was ihm eigentlich widerfahren ist. Doch trotz des allmählichen Realisierens versuchen beide, es zu verdrängen, handeln im Widerspruch zu ihren Empfindungen: „Sie waren traurig, betrugen sich heiter“ (V. 5), sie wollen das Scheitern einfach nicht wahrhaben. Beide scheinen Angst vor der Zukunft zu haben und dennoch sprechen sie nicht miteinander, sondern sehen sich an und wissen nicht weiter (vgl. V. 7). Der Leser stellt sich vor, welche Fragen die Nicht-Mehr-Liebenden quälen könnten: „Was mache ich ohne den anderen?“ oder „ Wie konnte es nur soweit kommen?“. Hätte ein Gespräch doch noch mehr helfen können, als ein stures Wegschweigen? Als „sie“ (V. 8) dann ihre Fassung verliert und weinen muss, bleibt er tatenlos stehen, anstatt sie zu trösten. Dieses Bild macht nochmals deutlich, wie stark sich die beiden schon voneinander entfernt haben. Doch nicht nur diese Zeile zeigt den Abgrund zwischen den beiden, sondern auch die Trennung der beiden Sätze durch den Punkt in der Mitte des Verses „Da weinte sie schließlich. Und er stand dabei. (V. 8), lässt sie auf der einen Seite des „Abgrundes“ stehen und ihn auf der anderen, weil er sie nicht tröstet oder sein Bedauern ausdrückt.
Die zunächst nebensächlich erscheinende Beobachtung in der dritten Strophe „Vom Fenster aus konnte man Schiffen winken“ (V. 9) ist auf den zweiten Blick sehr vieldeutig. So könnte man die Schiffe als Menschen interpretieren und das Wasser, in dem sie schwimmen, als Leben, und jedes dieser Schiffe fährt seine eigene Route, das sich an einer Verzweigung des Flusses entscheiden muss, in welche Richtung es fährt. Dieses Paar muss nun entscheiden, ob es so weiterlebt oder ob jeder von ihnen einen neuen Kurs nimmt. Das Bild des „Winkens“ lässt jedoch den Abschied erahnen.
Im weiteren Verlauf der dritten Strophe folgt eine indirekte Rede, in der der Mann vorschlägt, „irgendwo“ einen Kaffee trinken zu gehen. Das „irgendwo“ macht hier sehr deutlich, dass der Mann aus der bedrückenden Atmosphäre ausbrechen will und es völlig nebensächlich für ihn ist wohin. Dies schlägt er so selbstverständlich vor, als hätten sie beide keine anderen Probleme, über die sie eigentlich reden müssten. Es scheint, als klammere sich das Paar an seinen Alltag, um nicht Gefahr zu laufen, über sein Problem sprechen zu müssen. Im letzten Vers weist die scheinbar nebensächliche Erwähnung einer Person, die nebenan Klavier übt, auf die Musik hin, welche wie das Leben sowohl Höhen als auch Tiefen birgt.
Die Tatsache, dass sich das Paar für ein kleines, überschaubares Café, „Sie gingen ins kleinste Café am Ort“ (V. 13), entschieden hat, zeugt von der verzweifelnden Suche nach Intimität, die vielleicht zur Folge haben könnte, dass das Paar an gemeinsam Erlebtes erinnert wird und dies zur Wendung in ihrer am Abgrund stehenden Beziehung führen könnte. Doch es tritt das Gegenteil ein. Die Stille zwischen ihnen wirkt durch die Beschreibung der „Szene“ noch erdrückender als zuvor: Beide rühren verbissen in ihren Tassen, um ja nicht das Wort ergreifen zu müssen (vgl. V. 14). Die Angst davor, sich selbst und dem Gegenüber einzugestehen, dass die Beziehung gescheitert ist, scheint zu groß zu sein. Das quälende Schweigen, das Gefühl der Ausweglosigkeit sind die bestimmenden Emotionen, die vermittelt werden. Die Tatsache, dass sie „am Abend“ (V. 15) noch dort sitzen, deutet daraufhin, dass keiner die Situation verändern kann. So bleiben sie lieber im Café sitzen und sie sitzen „allein“ (V. 16). Hier wird die Ausweglosigkeit der Beziehung ganz deutlich, da sie ja im Grunde nicht alleine dasitzen, sie sind ja zu zweit, doch im übertragenen Sinn sind sie alleine, jeder für sich in seine Gedanken versunken und darauf wartend, ob und wann der Gegenüber das ausspricht, was beide schon lange wissen. So sitzen sie dort in der längsten Strophe des Gedichtes „und konnten es einfach nicht fassen“ (V. 17).
So endet das Gedicht, ohne dass das Problem gelöst ist oder auch nur angesprochen worden ist. Keiner der beiden hat versucht, um den anderen und um die Beziehung zu kämpfen, beide haben das Schicksal schweigend hingenommen, anstatt die Initiative zu ergreifen und das Ende der Beziehung doch noch abzuwenden. Man könnte fast von einer fatalistischen Grundhaltung sprechen.
Die Intention Erich Kästners war, wie schon eingangs vermutet, dem Leser zu vermitteln, dass das Scheitern in jede Beziehung einbrechen kann. Das wird unterstützt durch den Titel, der eigentlich eine kurze „Beziehung“ vermuten lässt, da das Wort Romanze eigentlich mit einer kurzen „Affäre“ in Verbindung gebracht wird. Es geht aber um eine lange Beziehung (acht Jahre). Erwartung und Realität klaffen auch im Text des Gedichtes wie in der Realität einer Beziehung auseinander. Diese Intention deckt sich auch mit den Merkmalen der sogenannten Gebrauchslyrik, der Literaturform der „Neuen Sachlichkeit“, welcher dieses Gedicht zuzurechnen ist.

Seite 41

1

A) Anekdote **(f)**, **B)** Fabel **(b)**, **C)** Kurzgeschichte **(c)**, **D)** Novelle **(a)**, **E)** Parabel **(e)**, **F)** Roman **(d)**

Seite 42

2

Der Begriff **Epik** ist der Sammelbegriff für unterschiedliche Texte erzählender Literatur.
Die **Figuren** sind auch in epischen Texten die Träger der Handlung. Um sie genauer zu betrachten, kann man drei Aspekte näher untersuchen:

- Ihre Beziehungen untereinander: **Figuren-Konstellation**
- Die Merkmale der Figur (offen, geschlossen, vielschichtig, dynamisch, statisch): **Figuren-Konzeption**
- Direkte oder indirekte Darstellung ihres Charakters: **Figuren-Charakterisierung**

Die Wiedergabe der Zeit (genannt **Zeitgestaltung/Erzähltempo**) spielt für die Struktur eines Textes eine wesentliche Rolle. Die zeitlichen Abläufe der Handlung kann man unter folgenden Gesichtspunkten betrachten:

- Reihenfolge:
  - Ereignisse in chronologischem Ablauf (Anfang → Ende)
  - Rückblenden
  - **Vorausdeutungen**
- Dauer:
  Je nachdem wie die **erzählte Zeit** (also die Zeitspanne, über die sich das erzählte Geschehen erstreckt) und die **Erzählzeit** (in welcher das Geschehen erzählt wird bzw. vorgelesen werden kann) zueinander in Beziehung stehen, unterscheidet man drei Varianten der Zeitgestaltung:
  - Zeitdeckung: Erzählzeit = erzählte Zeit
  - **Zeitraffung:** Erzählzeit < erzählte Zeit
  - Zeitdehnung: Erzählzeit > erzählte Zeit

  Nicht zu verwechseln ist die Erzählzeit mit dem Erzähltempus (in der Regel Präteritum), in dem Erzählungen meist verfasst sind.

Der **Erzähler** darf nicht mit dem Autor des Textes gleichgesetzt werden. Nur in einer Autobiografie ist der Erzähler identisch mit dem Autor. Ansonsten ist er eine fiktive Gestalt, die zwischen der Handlung und dem Leser vermittelt. Er ist das vom Autor ins Werk gesetzte Erzählinstrument, mit dessen Hilfe er die Erzählform seiner „Geschichte" gestalten und strukturieren kann.
Folgende weitere Differenzierung ist möglich:

- **Erzählform**: Damit wird die Unterscheidung zwischen den beiden grundsätzlich möglichen Erzählern bezeichnet. Im Falle einer **Ich-Erzählung** ist der Erzähler eine am Geschehen beteiligte Figur, die von sich erzählt. Der **Er-Erzähler** erzählt von anderen.
- **Erzählsituation** (auch Erzählverhalten): Grundsätzlich können sich sowohl Ich-Erzähler als auch Er-Erzähler auktorial, personal und neutral verhalten; so nennt man die drei unterschiedlichen Erzählsituationen:
  - Der **auktoriale** Erzähler verfügt frei über das Geschehen und die Personen. Er steht außerhalb des Geschehens, weiß alles und macht durch Reflexionen, Analysen und Leseransprachen auf sich aufmerksam. Man spricht auch vom allwissenden Erzähler.
  - Der **personale** Erzähler erzählt in der 3. Person aus der Sicht einer oder mehrerer Figuren, in die er sich hineinversetzt, deren Gedanken und Gefühle er zu erfassen versucht und aus deren Sicht heraus er das Ganze erzählt. Er ist Teil der Geschichte.
  - Der neutrale Erzähler erzählt aus der Distanz, bezieht keine Stellung und ist als Figur nicht fassbar. Er berichtet über das Geschehen.

In vielen Texten ändert sich die Erzählsituation, sodass Mischformen entstehen können. Dennoch kann man häufig eine vorherrschende Erzählsituation in den Mittelpunkt der Analyse rücken.

- **Erzählperspektive:** Mit der Erzählsituation verknüpft ist die Frage, von welchem Standort der Erzähler auf das Geschehen blickt, ob er in die Figuren hineinschauen kann, also **Innensicht** hat, oder ob er „nur" die **Außensicht** einnehmen kann. Während alle drei Erzähler, also der auktoriale, der personale und der neutrale Erzähler, alle Figuren von außen schildern können, kann der personale Erzähler nur die Innensicht d e r Figur darstellen, aus dessen Perspektive er erzählt.
  Der auktoriale und der neutrale Erzähler können sowohl die Innensicht als auch die Außensicht darstellen.
- **Erzählhaltung:** Der Erzähler kann auch unabhängig von der Erzählsituation verschiedene Erzählhaltungen einnehmen. Je nachdem, ob er eher begeistert, zustimmend und wohlwollend etc. oder eher kritisch, ironisch oder ablehnend etc. erzählt, beeinflusst er die Textrezeption des Lesers.

Weiterhin unterscheidet man den **Erzählerbericht** (alle Elemente eines Textes, die nicht Äußerungen oder Gedanken einer Figur sind) und die **Figurenrede** (Gedanken der Personen oder Figuren werden unmittelbar wiedergegeben).

Seite 44

3

Figurenrede

äußere Rede	
direkte Rede	indirekte Rede
wortwörtliches Wiedergeben dessen, was eine Person sagt: Er sagte:„Ich muss sie sprechen."	Gedanken/Aussagen werden sinngemäß wiedergegeben: Er sagte, er müsse sie sprechen.

innere Rede		
innerer Monolog	erlebte Rede	Bewusstseinsstrom
Wiedergabe von Gefühlen aus der Sicht der 1. Person im Präsens: Ich muss sie sprechen.	3. Person, Indikativ, oft Präteritum: Er musste sie sprechen.	assoziative Folge von Eindrücken, Bildern, Gedanken: Sie, immer sie. Im Kopf. Im Ohr. Sie sprechen.

4

Erzählform: Ich-Erzählung
Erzählsituation: Ich-Erzähler (personal)
Erzählperspektive: Innensicht
Erzählhaltung: mitfühlend, mitreißend, aufgeregt
Erzählweise: ausgefeilte Erzähltechnik: Wechsel zwischen innerem Monolog (z. B. Was soll ich tun? Z. 6), erlebter Rede (z. B. Sie musste sich wehren, Z. 12) und Bewusstseinsstrom (z. B. Jetzt, weit weg von zu Hause ..., Z. 14); alles Figurenrede
Zeitgestaltung: Zeitdehnung, die Erzählzeit ist länger als die erzählte Zeit, Rückblende (Z. 35ff.) und Vorausdeutung (Z. 30ff.)

Seite 45

1

Merkmale von Kurzgeschichten	Walter Helmut Fritz „Augenblicke“
• Plötzlicher Einstieg in die Situation • Überraschende, momentane Grenzsituation • Wenige wichtige Augenblicke • Überschaubar • Alltagssituationen und Alltagsmenschen • Offenes Ende	• Z. 1 „Kaum stand sie im Badezimmer“ • Z. 31 „Die Mutter nahm die Verzweiflung ihrer Tochter…“, • Z. 30 ff.: Begegnung im Bad, Verlassen des Hauses, Herumlaufen, Wohnungssuche • ein Tag, wenige Orte, zwei Menschen • Konflikt zwischen Mutter und Tochter, Mutter nach dem Tod des Vaters allein, Tochter traut sich nicht wegzugehen • Z. 30 ff, Tochter denkt an alte, kranke Mutter, will ihre Verzweiflung herausrufen, nicht klar, was passiert
Weitere Merkmale:	Alltagssprache, Beschreibung der Gefühle, keine Anführungszeichen

Seite 46

2

Mutter Tochter
sprachliche Besonderheiten (zu Aufgabe 6, S. 47)

Walter Helmut Fritz – **Augenblicke**

Kaum stand sie vor dem Spiegel im Badezimmer, um sich herzurichten, als ihre Mutter aus dem Zimmer nebenan zu ihr hereinkam, unter dem Vorwand, sie wolle sich nur die Hände waschen.
Also doch! Wie immer, wie fast immer (Wiederholung). Elsas Mund krampfte sich zusammen. Ihre Finger spannten sich. Ihre Augen wurden schmal. Ruhig bleiben!
Sie hatte darauf gewartet, dass ihre Mutter auch dieses Mal hereinkommen würde, voller Behutsamkeit: mit jener scheinbaren Zurückhaltung, die durch ihre Aufdringlichkeit die Nerven freilegt. Sie hatte – behext, entsetzt, gepeinigt (Klimax) – darauf gewartet, weil sie sich davor fürchtete.
—Komm, ich mach dir Platz, sagte sie zu ihrer Mutter und lächelte ihr zu.
—Nein, bleib nur hier, ich bin gleich soweit, antwortete die Mutter und lächelte.
—Aber es ist doch so eng, sagte Elsa, und ging rasch hinaus, über den Flur, in ihr Zimmer. Sie behielt einige Augenblicke länger als nötig die Klinke in der Hand, wie um die Tür mit Gewalt zuzuhalten. Sie ging auf und ab, von der Tür zum Fenster, vom Fenster zur Tür. Vorsichtig öffnete ihre Mutter. Ich bin schon fertig, sagte sie.
Elsa tat, als ob ihr inzwischen etwas anderes eingefallen wäre, und machte sich an ihrem Tisch zu schaffen.
—Du kannst weitermachen: sagte die Mutter.
—Ja, gleich.
Die Mutter nahm die Verzweiflung ihrer Tochter nicht einmal als Ungeduld wahr.
Wenig später allerdings verließ Elsa das Haus, ohne ihrer Mutter adieu zu sagen. Mit der Tram fuhr sie in die Stadt, in die Gegend der Post. Dort sollte es eine Wohnungsvermittlung geben, hatte sie einmal gehört. Sie hätte zu Hause im Telefonbuch eine Adresse nachsehen können. Sie hatte nicht daran gedacht, als sie die Treppen hinuntergeeilt war.
In einem Geschäft für Haushaltungsgegenstände fragte sie, ob es in der Nähe nicht eine Wohnungsvermittlung gebe. Man bedauerte. Sie fragte in der Apotheke, bekam eine ungenaue Auskunft. Vielleicht im nächsten Haus. Dort läutete sie. Schilder einer Abendzeitung, einer Reisegesellschaft, einer Kohlenfirma. Sie läutete umsonst.
Es war später Nachmittag, Samstag, zweiundzwanzigster Dezember
Sie sah in eine Bar hinein. Sie sah den Menschen nach, die vorbeigingen. Sie trieb mit. Sie betrachtete Kinoreklamen.
Sie ging Stunden umher. Sie würde erst spät zurückkehren. Ihre Mutter würde zu Bett gegangen sein. Sie würde ihr nicht mehr gute Nacht zu sagen brauchen. (Reihung sehr kurzer Hauptsätze oder sogar Ellipsen, Wiederholung von „sie“)
Sie würde sich, gleich nach Weihnachten, eine Wohnung nehmen. Sie war zwanzig Jahre alt und verdiente. Kein einziges Mal würde sie sich mehr beherrschen können, wenn ihre Mutter zu ihr ins Bad kommen würde, wenn sie sich schminkte. Kein einziges Mal.
Ihre Mutter lebte seit dem Tod ihres Mannes allein. Oft empfand sie Langeweile. Sie wollte mit ihrer Tochter sprechen. Weil sich die Gelegenheit selten ergab (Elsa schützte Arbeit vor), suchte sie sie auf dem Flur zu erreichen oder wenn sie im Bad zu tun hatte. Sie liebte Elsa. Sie verwöhnte sie. Aber sie, Elsa, würde kein einziges Mal mehr ruhig bleiben können, wenn sie wieder zu ihr ins Bad käme.
Elsa floh. (ungewöhnliches Verb, Zäsur)
Über der Straße künstliche, blau, rot, gelb erleuchtete Sterne (Metapher). Sie spürte Zuneigung zu den vielen Leuten, zwischen denen sie ging.
Als sie kurz vor Mitternacht zurückkehrte, war es still in der Wohnung. Sie ging in ihr Zimmer, und es blieb still. Sie dachte daran, dass ihre Mutter alt und oft krank war. Sie kauerte sich in ihren Sessel, und sie hätte unartikuliert schreien mögen, in die Nacht mit ihrer entsetzlichen Gelassenheit (Personifikation).

Seite 47

3 **Beispieleinträge**

Merkmale der Personen	Mutter	Tochter	Textstellen
Aussehen	keine Angaben	keine Angaben	
Verhalten	freundlich, aufdringlich	ungeduldig, genervt	Mutter: „… als ihre Mutter … hereinkam, unter dem Vorwand …“ (Z. 2 ff.), Elsa: „… sagte Elas, und ging rasch hinaus.“ (Z. 19 f.) u.a.a.O.
Sprache	höflich	höflich	Elsa: „Komm, ich mach dir Platz …“ (Z. 15 ff. und Z. 19, Z. 30), Mutter: „Nein, bleib nur …“ (Z. 17 f., 29)
Mimik	lächelnd	verspannt	Elsas Mund krampfte sich zusammen. Ihre Finger spannten sich. Ihre Augen wurden schmal. Ruhig bleiben! (Zeile 6 ff.)

4/5

1. Die Enge: Begegnung im Badezimmer
2. Der Anlass: Die neuerliche Begegnung mit der Mutter bringt das Fass zum Überlaufen,
3. Die Suche: Elsa läuft durch die Stadt
4. Die Entscheidung: Elsa entscheidet, nach Weihnachten eine Wohnung zu nehmen, kann es aber aufgrund der Situation der Mutter nicht tun.
5. Auf der Flucht: Elsa flieht zurück nach Hause, weil sie spürt, dass sie nicht gehen kann.

6 siehe Text S. 13

7

Der Beginn könnte auch die Fürsorge einer Person einer anderen gegenüber spiegeln, wenn die Tochter z. B. krank wäre. Oder die Situation, in der eine Mutter eine minderjährige Tochter daraufhin kontrollieren möchte, was sie für Kleidung trägt, wie sie sich schminkt o. Ä.
Die Bedeutung hinter der Überschrift könnte sehr vielschichtig sein, es könnten Augenblicke im Leben eines Menschen sein, es könnte die Begegnung zweier Menschen gemeint sein oder Augenblicke, die das Leben in diese oder jene Richtung verändern.

Seite 48

8

a) Diese Aussage ist nicht direkt belegt, höchstens durch die Aussage, dass die Mutter alleine lebt und oft Langeweile hat (vgl. Z. 63ff.).

b) Die Tochter lächelt, obwohl sie sich gestört fühlt (vgl. Z. 13ff.). Das zeigt, genauso wie die Tatsache, dass sie ihrer Mutter nichts über ihre Auszugspläne erzählt, dass sie nicht offen mit der Mutter spricht.

c) Diesem Urteil ist nicht zuzustimmen, denn sowohl die Tochter, die raus möchte, als auch die Mutter, die einsam ist, befinden sich in einer schwierigen Situation. Was nicht nachvollziehbar ist, ist der Fakt, dass die beiden nicht offen miteinander reden.

d) Diese Aussage ist zweischneidig, auf der einen Seite ist die Tochter rücksichtsvoll, da sie ihrer Mutter nichts über ihre wahren Gefühle mitteilt, andererseits ist es rücksichtslos, einfach wegzugehen, ohne sich zu verabschieden (vgl. Z. 33f.) und so spät zurückzukehren, dass sie „ihr nicht mehr gute Nacht zu sagen brauch(t)en" (Z. 54f.).

9

Die Geschichte ist aus der Sicht der Tochter erzählt, um deren Empfinden und deren Versuch am Schluss, sich in die Mutter hineinzuversetzen für den Leser nachvollziehbar zu machen. Es ist eine einseitige Darstellung der Situation. Die Perspektive der Mutter wird nicht erzählt.

10

✗ Der Text problematisiert die Beziehung zwischen einer älter werdenden Mutter und ihrer noch bei ihr lebenden erwachsenen Tochter.

Diese Formulierung erfasst das Thema deshalb am besten, weil aus dieser Spannung der Konflikt entsteht. Die Tochter ist 20 Jahre alt und möchte eigentlich ihr eigenes Leben leben, sieht aber, dass ihre Mutter älter wird und sie braucht.

Seite 49

11 Individuelle Lösung

12

Meiner Meinung nach ist das Verhalten ... *(Schluss)*
Typische Merkmale einer Kurzgeschichte sind ..., Ein Hauptmotiv sind die Gefühle der ... *(Hauptteil)*
Walter Helmut Fritz erzählt in seiner Kurzgeschichte „Augenblicke"... *(Einleitung)*

13 Erwartungshorizont

Einleitung:

- Einleitender Satz mit: Autor, Titel, Textsorte, (Jahr)
- Thema: Konfliktsituation Tochter/Mutter (Konfliktsituation Heranwachsender zwischen Freiheitswillen und emotionaler Gebundenheit; Generationenkonflikt)

Inhaltsangabe: Elsas Lebenssituation und Handlung der Geschichte: Elsa ist zwanzig, verdient, lebt zusammen mit ihrer Mutter, von der sie sich bedrängt fühlt; erfolglose Suche nach einer eigenen Wohnung; Flucht vor einem weiteren Zusammentreffen mit der Mutter; Umherlaufen in der Stadt kurz vor Heilig Abend; Verzweiflung nach der Rückkehr ins Haus

Erzählperspektive: Es wird aus der Perspektive der Tochter erzählt, um ihr Empfinden und ihren Versuch am Schluss, sich in die Mutter hineinzuversetzen, für den Leser sichtbar zu machen; einseitige Darstellung der Situation

Gefühle und Verhalten der Figuren zueinander:

- Die Mutter versucht, die Tochter zu erreichen, ohne zu merken, dass sie diese bedrängt (Z. 4f.; 9ff.; 31f.; 65ff.)
- Schlüsselfunktion des Satzes: „Die Mutter nahm die Verzweiflung ihrer Tochter nicht einmal als Ungeduld wahr." (Z. 31f.)
- Bedürfnis der Tochter nach individuellem Lebensraum und Intimsphäre in ihrer Gestik, z.B.: die Tochter will die Tür zuhalten, Mutter öffnet sie (Z. 21ff.)
- (Übersteigerte) Reaktion der Tochter auf die Kontaktsuche der Mutter (Z. 9ff.; 19ff.; 59ff.; 79ff.)
- Verbale und mimische Freundlichkeit in der direkten Kommunikation mit der Mutter (S. 15ff.)
- Versteckte Feindseligkeit und Abwehr in der indirekten nonverbalen Kommunikation (z. B. Türzuhalten, aus dem Weg gehen, Fernbleiben von Zuhause)
- Unfähigkeit der Tochter, ihre wahren Gefühle ihrer Mutter gegenüber auszudrücken („und lächelte ihr zu", Z. 18; „Elsa tat, als ob ihr inzwischen etwas anders eingefallen wäre", Z. 26f.)
- Flucht in die Stadt als Ausdruck des Freiheitswillens und des Wunsches nach Unabhängigkeit („Elsa floh.", Z. 73)

- Anwendung von Kommunikationsmodellen auf die Kurzgeschichte: Unterschied zwischen Sachaspekt und Verhaltensaspekt groß

Sprache:
- Wiederholungen (z. B. Z. 1), um die Regelmäßigkeit des Verhaltens darzustellen
- Kurze Sätze zur Verdeutlichung der inneren Anspannung

Schluss:
- Abschließendes Fazit der Analyse: Eine emotionale Annäherung zwischen Mutter und Tochter wird nicht gezeigt, eine Problemlösung wird nicht angeboten
- Die beiden sollten offen miteinander reden, dadurch würde zum Beispiel klar, dass Elsa ihre Intimsphäre bitter nötig hat, dann würde der Konflikt vielleicht entschärft

14
Von Ehrlichkeit kann man nicht sprechen. Sie lügen nicht, aber sie verschweigen die wahren Gefühle, diese finden nur im Inneren statt.

15 Individuelle Lösung

Seite 50

1

Parabel	Gleichnis
– Menschliche Grunderfahrung (Einsamkeit, Intoleranz o.Ä.) anhand eines Einzelfalls – Lehrhafte und kurze Erzählung – Geschehen (**Bildebene**) hat symbolische Bedeutung, das Gemeinte im Allgemeinen (**Sachebene**) muss vom Leser hergeleitet werden – Präteritum	– Lehrhafte und kurze Erzählung – Im Text direkt angegeben ist, womit das Erzählte zu vergleichen ist (wie ...) – Präsens

2
Zwei Frauen übertrumpfen sich gegenseitig mit der Schilderung der Eigenschaften ihrer Söhne, eine dritte hält sich zurück, ist bescheiden. Der Greis, der die ganze Zeit zugehört hat, beurteilt nur den Sohn der dritten Frau aufgrund seiner Hilfsbereitschaft als wahren Sohn.

Seite 51

3

Merkmale der Parabel	Die drei Söhne
– Menschliche Grunderfahrung (Einsamkeit, Intoleranz o.Ä.) anhand eines Einzelfalls	– Prahlerei über Söhne
– Lehrhafte und kurze Erzählung	– Nicht, was die Mütter über ihre Söhne sagen, sondern was ein Sohn tut, entscheidet
– Geschehen (**Bildebene**) hat symbolische Bedeutung, das Gemeinte im Allgemeinen (**Sachebene**) muss hergeleitet werden	– Wahre Größe zeigt sich von selbst
– Präteritum	– Präteritum

4

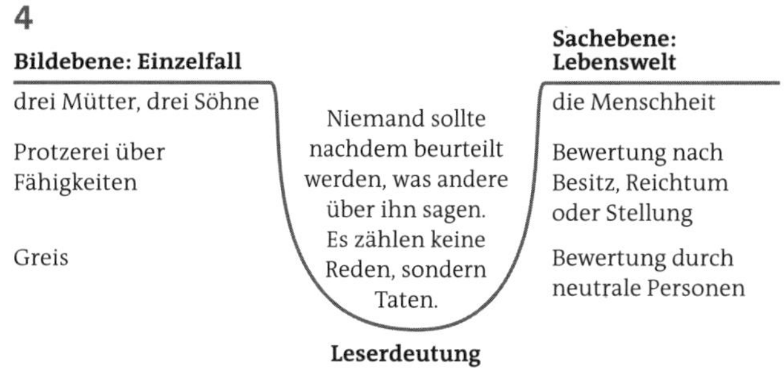

5
Der Text zeigt am Beispiel einer individuellen Geschichte, dass der Charakter eines Menschen nur nach seinem Tun und Handeln zu beurteilen ist und dass man allzu lauter Lobhudelei grundsätzlich eher misstrauen sollte.

Seite 52

1 Individuelle Lösungen

2
✗ Herr K. erzählt eine Geschichte über das Benehmen von Menschen. Zeile 1
✗ Ein Junge wollte mit zwei Groschen das Kino bezahlen. Zeile 5 f.
✗ Dem Jungen wurde ein Groschen weggerissen. Zeile 7 f.
✗ Der Mann wollte wissen, warum der Junge nicht geschrien habe. Zeile 11
✗ Der Mann nahm dem Jungen seinen letzten Groschen weg. Zeile 17

Seite 53

3
1. Junge: naiv, vertrauensvoll, passiv
2. Junge: betrügerisch, unehrlich, aktiv
Vorübergehender: mitleidlos, zynisch, aktiv

4

Erzähltext	Bildebene	Sachebene
Ausgangssituation	Ein Junge weint und wird nach dem Grund gefragt	Zwei Menschen begegnen sich in einer unklaren Situation
Figurenkonstellation	Schwacher Junge, erwachsener Mann	Ungleiches Stärkeverhältnis
Handlungsverlauf	• Einen vor sich hin weinenden Jungen fragte ein Vorübergehender nach dem Grund seines Kummers. (Z. 3ff.)	Kommunikation wird aufgenommen, Teilnahme scheint zu herrschen
	• „Ich hatte zwei Groschen für das Kino beisammen", sagte der Knabe, „da kam ein Junge und riß mir einen aus der Hand." (Z.5ff.)	Zur Situation führendes Ereignis wird geklärt
	• „Hast du denn nicht um Hilfe geschrien?" fragte der Mann. „Doch", sagte der Junge. (Z.11)	Deutet daraufhin, dass niemand geholfen hat
	• „Kannst du denn nicht lauter schreien?" fragte der Mann. (Z. 14f.)	Frage deutet an, dass die Situation sich wenden wird

Erzähltext	Bildebene	Sachebene
Handlungsverlauf	• „Nein", sagte der Junge und blickte ihn mit neuer Hoffnung an. (Z. 15f.) • Denn der Mann lächelte. „Dann gib auch den her", sagte er (Z.17)	Hoffnung auf Hilfe wird signalisiert: Kontrast zwischen Mimik und Tat
Schlusssituation	nahm ihm den letzten Groschen aus der Hand und ging unbekümmert weiter. (Z. 18f.)	Ungerechtigkeit ohne Anteilnahme – keine Gegenwehr
Raum/Zeit	Einen vor sich hin weinenden Jungen fragte ein Vorübergehender nach dem Grund seines Kummers. (Z. 3ff.) ... er zeigte auf einen Jungen, der in einiger Entfernung zu sehen war. (Z. 8f.) „Dann gib auch den her", sagte er, nahm ihm den letzten Groschen aus der Hand und ging unbekümmert weiter. (Z. 17ff.)	Die Macht des Stärkeren im Kontrast zu dem sich nicht Wehrenden wird an zwei verschiedenen Situationen gezeigt
Erzähler	... erzählte folgende Geschichte (Z. 2f.)	auktorialer Erzähler

5

✗ In der Parabel „Der hilflose Knabe" von Bertolt Brecht wird die Konsequenz aufgezeigt, die aus Passivität gegenüber einem erlittenen Unrecht resultiert.

Seite 54

6

Herr Keuner als Erzähler vermittelt bereits, worum es geht. Durch den Satz wird das Mitleid, das man mit dem Jungen hat, beschränkt, denn es wird klar, dass ihm zur Last gelegt wird, dass er sich nicht gewehrt hat. Außerdem wird deutlich, dass die Geschichte nur als Beispiel für einen größeren Zusammenhang, einen allgemeinen Sachverhalt, steht.

7

✗ Man soll die Ungerechtigkeit bekämpfen.
✗ Gegen eine böse Tat sollte man sich wehren.
✗ Wenn man Gewalt erleidet, soll man laut um Hilfe schreien.
✗ Gegen die Gewalt soll man sich organisieren und nach Schutz suchen.

Wenn man ein Unrecht erlebt oder sieht, soll man sich zur Wehr setzen, indem man es bekannt macht.
Bertolt Brecht warnt in seiner Parabel den Leser davor, erlittenes Unrecht zu ertragen und sich nicht zu wehren.

8

Die Parabel von Tolstoi ist deshalb leichter zu verstehen, weil die Bedeutung sich schon aus dem Handeln der Personen ablesen lest. Die Keuner-Geschichte muss zunächst daraufhin untersucht werden, was mit dem Beispiel gemeint sein kann und darüber hinaus auch noch, welche Funktion die Figur des Herrn Keuner hat.

Seite 55

9

Buchausgabe seines ersten Dramas „Baal" wurde wegen der Befürchtung eines Verbotes zwei Jahre lang nicht gedruckt, Lehrstücke 1926 auf der Grundlage des Marxismus zur Erläuterung gesellschaftlicher Missstände, episches Theater strebt eine kritische Distanz zum Geschehen an, vor Beginn der nationalsozialistischen Herrschaft (ab 1926 bis 1932) „Keuner-Geschichten", nach 1953 Fortsetzung in der damaligen DDR, im Exil entstanden viele Gedichte, die fast ausschließlich dem antifaschistischen Kampf gewidmet waren; Aberkennung der deutschen Staatsbürgerschaft 1935, nach Abwurf der Atombombe über Hiroshima und Nagasaki im Jahr 1945 Änderung der Konzeption für „Galileo Galilei": Forschertum als rücksichtsloses Streben, das nur den Machthabern dient bis zur dritten Fassung (1956), in der Galilei selbst Verantwortungslosigkeit seines Handelns beklagt

10

Bildebene: Symbol	Deutung des Symbols innerhalb der Handlung	Sachebene: Lebenswelt
Vorübergehender	Regierender (NSDAP)	erwachsener Mann, Ausbeutung des Schwächeren
Knabe 1	Verfolgte	Passivität des Willensschwachen
Knabe 2	Mitläufer	Eigeninteresse als Gegensatz zur moralischen Pflicht
Geldstück	Rechte, Besitz Menschenwürde	etwas aus der Hand nehmen

Seite 57

1

I Gebrauchsanleitung, **A** Antrag, **I/A** Rezension, **A** Leserbrief, **I** Biografie, **I** Reportage, **A** Kommentar, **I** Musikgeschichte

2

Mit dem Text verfolgt der Autor die Intention, die Arbeit des DZV vor dem Hintergrund der gesundheitsschützenden Anti-Raucher-Gesetze zu hinterfragen und einen Einblick in das Rauchverhalten von Jugendlichen zu geben.

Seite 59

2

Nichtraucherschutz, die Erhöhung der Altersstufe als Rauchanfänger auf 18 Jahre und Ähnliches sind Themen, die in den letzten Jahren die Gemüter erhitzt haben und allerorts diskutiert wurden.
Wie hat sich das Rauchverhalten, vor allem auch bei Jugendlichen in dieser Zeit gewandelt und wie gelingt es der Zigarettenbranche zu überleben? Auf diese Fragen will der Artikel „Schall und Rauch" von Oliver Geyer Antworten geben.

Seite 60

3
Individuelle Lösung, jedoch sind die Comicmethode und die Fragemethode grundlegend eher für literarische Text geeignet.

4
Es bieten sich unterschiedliche Lösungen an: Die Arbeit des DZV kann gut in Form einer Mind-Map dargestellt werden, die Zahlen und Gründe im Bezug auf Jugendliche lassen sich gut in einem Diagramm darstellen.

Seite 64

1

	☺	☹
• höhere Gewaltbereitschaft	X	
• frühe Selbstständigkeit		X
• großes Wissen durch Mediengebrauch		X
• kein Interesse für die Politik	X	
• hoher Stellenwert von Familie und Freundschaft		X
• viele Schulabbrecher	X	
• ständiger Medienkonsum	X	
• großes Kritikbewusstsein		X

2/3 Individuelle Lösungen

4
Gelungen: Vor kurzem veröffentlichte Ergebnisse aus einer Studie zeigen, dass das Wertesystem der Jugendlichen insgesamt positiv und stabil ist.
Wenig geeignet: Eigentlich verstehe ich die ganze Aufregung um dieses Thema nicht.

Begründung +: Durch den Bezug auf eine Studie bekommt der Leser den Eindruck, dass der Verfasser gut informiert ist, und deshalb ist er interessiert und möchte die Argumentation weiter verfolgen.
Begründung –: Durch diese Aussage scheint es so, als wolle der Verfasser seine Meinung zum Thema gar nicht wirklich ausführen. Deshalb fühlt sich der Leser nicht angesprochen.

Seite 65

5
Beispiellösung: Nach Abwägen aller Pro- und Kontra-Argumente und unter Einbeziehen aller Ergebnisse, zu der Studien gelangten, kann man feststellen, dass sich die Wertvorstellungen der Jugendlichen, auch aufgrund der Entwicklung der Gesellschaft und der Neuen Medien sicher verändert haben, dass es aber nicht angemessen wäre, von generell falschen Wertvorstellungen zu sprechen. Vielmehr gilt es, die Vorzüge, die Medienkenntnisse, kritisches Bewusstsein und Selbstständigkeit mit sich bringen, zu fördern und gleichzeitig daran zu arbeiten, dass Jugendliche gesund leben können und sich ihrer Wichtigkeit als aktive Gestalter der politischen Landschaft und des gesellschaftlichen Lebens begreifen. Dazu sind Politik und Wirtschaft sowie Elternhäuser und Schule gleichermaßen aufgerufen.

6/7 Individuelle Lösungen

Seite 66

1
Jugend und Politik, die anderen Überschriften geben nur einen Teil des Textes wieder

Seite 67

2
Schwindendes Interesse der Jugend an Politik (bis Zeile 11)
Mangelndes Vertrauen der Jugend in die Politik (bis Zeile 40)
Verändertes politisches Verhalten der Jugend (bis Zeile 89)
Erschütterung der Demokratie durch desinteressierte Jugendliche (bis Zeile 107)

3
Die Jugendlichen sind nicht grundsätzlich an Politik uninteressiert. / Sie lehnen die traditionelle Form der Demokratie in Deutschland ab. / Die Politiker der Parteien haben sich zu weit von den Interessen der Wähler entfernt und können die aktuellen Probleme nicht lösen. / Deshalb engagieren sich politisch interessierte Jugendliche lieber in konkreten Aktionen wie Demonstrationen und öffentliche Diskussionen. / Aufgrund einer starken Verunsicherung und großer Zukunftsangst begegnen Jugendliche heute der Politik viel emotionaler als frühere Generationen. / Die Parteien müssen dieses neue Politikverständnis ernstnehmen, weil sich die Jugendlichen sonst eventuell ganz von der Politik abwenden, was verheerende Folgen für die Demokratie in Deutschland und die Gesellschaft ganz allgemein haben könnte.

Seite 68

4
1. Im Text steht, dass die Zahl der Jugendlichen, die sich in den genannten Organisationen engagieren, stark rückläufig ist.
2. Nein, die Mehrheit lehnt die Umsetzung der Demokratie in Deutschland ab, hält aber die Demokratie an sich für die beste Staatsform.
3. Zumindest werfen die Jugendlichen dies der Politik vor.
4. Natürlich nicht alle, aber im Text wird angedeutet, dass dies Probleme der Jugend sind.
5. Bei vielen, ja.
6. Bei einem konkreten Thema legen sie sich schon fest, aber daraus soll keine parteipolitische Festlegung bei anderen Themen werden; sie entscheiden quasi bei jedem Thema neu und parteiunabhängig.
7. Es wird schon behauptet, dass sie egoistischer sind;

ihr durchaus noch vorhandenes gesellschaftliches Engagement dient angeblich auch der Befriedigung persönlicher Interessen, ist also im Wesentlichen anders motiviert als das früherer Generationen.

8. Ja

9. Nein

5/6 Individuelle Lösungen

Seite 69

7–10 Individuelle Lösungen

Seite 71

1

Infinitiv	Indikativ Präsens	Konjunktiv I (Gegenwart)	Indikativ Präteritum	Konjunktiv II (Gegenwart)
tragen	sie tragen	sie tragen	sie trugen	sie trügen
rufen	er/sie/es ruft	er/sie/es rufe	er/sie/es rief	er/sie/es riefe
bringen	wir bringen	wir bringen	wir brachten	wir brächten
fegen	ihr fegt	ihr fegt	ihr fegtet	ihr fegtet
rennen	du rennst	du rennest	du ranntest	du renntest
springen	er/sie/es springt	er/sie/es springe	er/sie/es sprang	er/sie/es spränge
lehren	ich lehre	ich lehre	ich lehrte	ich lehrte

2

Text in indirekter Rede: Letzte Woche stellte sich ein neuer Schüler in der Klasse vor, er heiße Peer Müller und komme aus Frankfurt. Geboren sei es aber in Bremen, weil seine Eltern daher stammten. Sie seien aus beruflichen Gründen umgezogen. Man habe seinem Vater eine gute Stelle in Bonn angeboten. Daher seien sie umgezogen. Er habe auch noch eine jüngere Schwester, die auch schon auf diese Schule gehe, allerdings erst in die 6. Klasse. Er hoffe, dass sie sich gut verstände / verstünden / verstehen würden. Wir sollten ihm sagen, wenn er sich falsch verhalte, denn er kenne ja noch nicht alle Gepflogenheiten hier.

Knappe Textzusammenfassung (Lösungsvorschlag): Letzte Woche stellte sich ein neuer Schüler namens Peer Müller in der Klasse vor. Er sei mit seinen Eltern aus Frankfurt nach Bonn umgezogen, weil seinem Vater eine attraktive Stelle in Bonn angeboten worden war. Seine jüngere Schwester gehe auch in die 6. Klasse der Schule. Er forderte die Mitschüler auf, ihn auf mögliches Fehlverhalten seinerseits aufmerksam zu machen, da er noch nicht alle Gepflogenheiten kenne.

Folgende Informationen wären beim Vergleich zu erwähnen: Zusammenfassung ist kürzer, Nebensächlichkeiten können weggelassen werden (z.B. Herkunft der Eltern aus Bremen); die Vorzeitigkeit durch den Konjunktiv der Vergangenheit *(seien umgezogen* und *habe angeboten)* wird durch das Plusquamperfekt ausgedrückt *(war angeboten worden)*; das Anzeigen der indirekten Rede ist nicht durchgängig nötig, die Aufforderung im Imperativ (in direkter Rede) bzw. sollen (in indirekter wörtlicher Wiedergabe) wird im der Zusammenfassung durch *auffordern + Infinitiv* wiedergegeben.

Seite 72

3

Korrekte Fassung: Am Ender der Stunde stellt die Lehrkraft den Schülern die Hausaufgabe. Sie sagt, es sei wichtig, dass die Klasse bei den Sätzen auf den richtigen Modus achte. Sie verlangt von der Klasse, dass sie die Hausaufgaben bis zum nächsten Tag erledige. Außerdem sei es wichtig, dass die Schüler das, was sie im letzten Jahr zum Konjunktiv gelernt hätten, noch einmal widerholen. Die Banknachbarin des Verfassers (oder den Namen: z.B. Jana Kleinert) solle dafür ein paar Schulgrammatiken aus dem Nebenzimmer holen. (Das Tempus des Protokolls ist das Präsens.)

4

- Die Bundeskanzlerin erklärte, ab 2100 **werde** es grundsätzliche Änderungen geben.
- Das Ministerium verkündete hingegen, die grundsätzlichen Änderungen **würden** nicht erst ab 2015 sondern rückwirkend ab dem 1.1. 2010 gelten.
- Die Schüler meinten, sie **könnten** alles.
- Von der Schulleitung ist zu vernehmen, dass es morgen mündliche Prüfungen gebe.
- Mara behauptet, im Oktober **Skilaufen gewesen zu sein** / sie sei im Oktober Skilaufen gewesen.
- Der Pressesprecher sagte, Japan **sei** ein sicherer Standort für Atomkraftwerke.
- Im Urlaub stellt Mutter fest, es sei **dort** einfach wunderschön.
- Ohne ihnen überhaupt zuzusehen, rief er, sie **sollten** sofort **aufhören**.

Seite 73

1

Wirkung des Originaltextes in indirekter Rede

- Der Text wirkt „hölzern", d.h. wenig lebendig.
- Durch indirekte Rede entsteht der Eindruck eines Referats. Es entsteht dadurch eine Distanz zu den Figuren.
- Eine Innensicht der Figuren ist von vornherein ausgeschlossen, auch das verhindert oder erschwert identifikatorisches Lesen.
- Dass indirekte Rede und erzählende Passagen nicht durch Anführungszeichen voneinander getrennt sind, sondern im Satz ineinander übergehen, hemmt den Lesefluss und zwingt zu konzentriertem Lesen.

Lösungsvorschlag zur Umformung in direkte Rede:
Bonpland: „Was ist Ihnen passiert?"
„Ich habe versucht, mich zu rasieren. Bloß der Moskitos wegen darf man nicht verwildern! Immerhin ist man ein zivilisierter Mensch!"
Humboldt setzte sich seinen Hut auf und fragte: „Haben Sie nachts etwas gehört?"

Vorsichtig antwortete Bonpland: „Nichts Besonderes. Man hört ja viel in der Dunkelheit."
Humboldt nickte: „Man träumt die seltsamsten Dinge."
„Man kann nicht auf alles hören, was man hört", sagte Bonpland.
Humboldt: „Man muss schließlich schlafen."
Am nächsten Tag fuhren sie in den Rio Negro ein, über dessen dunklem Wasser die Moskitos weniger wurden. Auch die Luft war hier besser. Aber die Gegenwart der Leichen bedrückte die Ruderer, und selbst Humboldt war bleich und schweigsam. Bonpland hielt die Augen geschlossen. „Ich befürchte", sagte er, „mein Fieber kommt zurück." Die Affen schrien in ihren Käfigen, rüttelten an den Gittern und schnitten einander Grimassen. Einer bekam sogar die Tür auf, schlug Purzelbäume, belästigte die Ruderer, kletterte am Bootsrand entlang, sprang auf Humboldts Schulter und bespuckte den knurrenden Hund.
„Herr Humboldt, erzählen Sie auch einmal etwas", bat Mario.
„Geschichten weiß ich keine", sagte Humboldt und schob seinen Hut zurecht, den der Affe umgedreht hatte. „Ich mag auch das Erzählen nicht. Aber ich kann das schönste deutsche Gedicht vortragen, frei ins Spanische übersetzt. Oberhalb aller Bergspitzen ist es still, in den Bäumen ist kein Wind zu fühlen, auch die Vögel sind ruhig und bald ist man tot."
Alle sahen ihn an.
Humboldt: „Fertig!"
Bonpland: „Ja, wie?"
Humboldt griff nach dem Sextanten.
Julio: „Entschuldigung. Das kann doch nicht alles gewesen sein!"
„Es ist natürlich keine Geschichte über Blut, Krieg und Verwandlungen!", sagte Humboldt gereizt, „Es kommt keine Zauberei darin vor, niemand wird zur Pflanze, keiner kann fliegen oder isst einen anderen auf!" Mit einer schnellen Bewegung packte Humboldt den Affen, der gerade versucht hatte, ihm die Schuhe zu öffnen, und steckte ihn in den Käfig. Der Kleine schrie, schnappte nach ihm, streckte die Zunge heraus, machte große Ohren und zeigte ihm sein Hinterteil.
„Und wenn ich mich nicht irre", sagte Humboldt, „hat auf diesem Boot jeder Arbeit genug!"

Wirkung der in direkte Rede umgeformten Passage:
- Die Passage wirkt lebendiger, als Leser kann man sich leichter in Figuren und Situation hineinversetzen.
- Durch die direkt aufeinanderfolgende Passagen in direkter Rede lässt sich die Erzählzeit reduzieren und der erzählten Zeit annähern.
- Durch Satzzeichen und durch Variation des Satzbaus lässt sich der Inhalt des Gesprochenen differenziert unterstützen.

Weitere Anmerkungen:
- Ob die Figuren sich siezen oder duzen, geht aus dieser Passage nicht hervor. Die Form der Anrede in der direkten Rede lässt sich aber aus der sozialen Hierarchie der Figuren erschließen: Figurenbenennung durch Nachnamen impliziert Sie-Anrede (Humboldt, Bonpland), Figurenbenennung durch Vornamen (Mario, Julio) impliziert Du-Anrede.
- Durch Variation des Verbs *sagen*, durch veränderten Satzbau und durch Satzzeichen lässt sich ein lebendigerer Eindruck bei der Umformung in direkte Rede erreichen.

Seite 74

2

- Bewegt Euch! → Imperativ: Befehl
- **Glaubten** 90% der deutschen Geologen, die Erde **wäre** eine Scheibe, **hätte** dies Folgen für die Luftfahrt. → Konjunktiv II: Eintritt einer sehr unwahrscheinlichen Bedingung.
- Ich **würde meinen**, die Verschiebung der Klassenarbeit **könnte** eine gute Idee **sein**. → *Würde* + Infinitiv (Ersatzform für Konjunktiv II): Sehr höfliche Nachfrage, die durch den Konjunktiv II förmlich abgemildert wird.
- Sie behaupten, sie **hätten** sich bei dem Erdbeben überhaupt nicht **gewundert**. → Konjunktiv II: Zweifel an Richtigkeit der wiedergegebenen Aussage wird deutlich gemacht (zusammen mit der Redeeinleitung *behaupteten*)
- Wir riefen, die Noten **seien** uns egal. → Konjunktiv I: Wiedergabe indirekter Rede
- Alle **bewunderten** aber Schüler mit guten Noten. → Hier nicht zu entscheiden: Indikativ oder formengleicher Konjunktiv I/II
- Wenn es in der Antike schon Autos gegeben hätte, wäre auch die Geschichte des Mittelalters anders verlaufen. → Konjunktiv II der Vergangenheit: Irrealis der Vergangenheit
- Er stellte sich vor, sie **bäte** um einen Kuss.
  → Konjunktiv II: gedankliche Vorstellung.
  → Alternativ ist hier eine Konstruktion mit würde denkbar, denn bäte ist durchaus als veraltete Form anzusehen *(Er stellte sich vor, sie würde um einen Kuss bitten.)*

Seite 75

3

Im Neujahrsgespräch ***zeigte sich*** *Weizsäcker insbesondere darüber* ***besorgt*** (1), *dass das in Zukunft steigende Programmangebot negative Folgen für die Entwicklung junger Menschen* ***haben könne*** (2).
Bonn im Januar 1985: Weizsäcker **plädierte** (3) mit Nachdruck dafür, die Forschung über die Wirkung der Medien zügig voranzutreiben. Nur so **könne** auf die weitere Entwicklung des menschlichen Wesens verantwortlich **geachtet werden** (4). Er sei **beunruhigt** (5) darüber, dass man alles Mögliche auf der Welt **erforsche** (6), aber die Wirkung der elektronischen Medien auf den menschlichen Geist und die menschliche Seele bisher **vernachlässigt habe** (7). Bundesländer und Parteien **stritten** (8) um die Rechtsform der Rundfunk- und Fernsehanstalten

und um die Frage, wer auf welche Weise seine Ausgaben **decken dürfe** (9). „Aber **es würde mich** mehr **beruhigen** (10), wenn dieselben verantwortlichen Leute auch noch ein bisschen mehr über die Programmatik und die Wirkung dieser Programmatik **diskutieren würden** (11) und von daher auch ihre Entscheidungen **träfen** (12)", **sagte** (13) der Bundespräsident.

(1) 3. Pers. Sg. Prät. Ind.: fungiert als Redeeinleitung
(2) 3. Pers. Sg. Konj. I (Gegenwart = Futur): indirekte Rede
(3) 3. Pers. Sg. Prät. Ind.: fungiert als Redeeinleitung
(4) 3. Pers. Sg. Konj. I (Gegenwart): indirekte Rede als freier Anschluss, also ohne Redeeinleitung
(5) 3. Pers. Sg. Konj. I (Gegenwart): ebenso
(6) 3. Pers. Sg. Konj. I (Gegenwart): ebenso
(7) 3. Pers. Sg. Konj. I (Vergangenheit): ebenso, aber vorzeitig
(8) 3. Pers. Pl. Konj. II (Gegenwart): als Ersatzform für den mit dem Indikativ formgleichen Konj. I
(9) 3. Pers. Sg. Konj. I (Gegenwart): indirekte Rede
(10) 3. Pers. Sg. *würde+Infinitiv*: als Ersatzform für den Konjunktiv II in einem irrealen Konditionalsatz in direkter Rede
(11) 3. Pers. Pl. *würde+Infitiv*: wie 10
(12) 3. Pers. Pl. *würde+Infinitiv*: wie in 10 und 11
(13) 3. Pers. Sg. Prät. Ind.: Redeeinleitung (hier Abschluss)

Textstil: Text verwendet in allen indirekten Reden durchgängig Konjunktiv I oder als Ersatzform Konjunktiv II (keinen Indikativ), da es sich um einen Zeitungsartikel handelt, der in gehobener Standardsprache verfasst ist und nicht in Umgangssprache (wo durchaus auch der Indikativ bei indirekter Rede gebräuchlich ist). Die würde-Formen 10, 11, 12 in der direkt zitierten Rede sind hier auf einen irrealen Konditionalsatz zurückzuführen (es könnten auch die sehr gehoben klingenden Konj. II-Formen *es beruhigte mich mehr… wenn sie diskutierten* verwendet werden, die aber formgleich mit dem Ind. Präteritum wären und deshalb weniger eindeutig.

4

	☺	☹
• Der Konjunktiv drückt deutlich mehr Distanz zum Gesagten aus.	X	
• Konjunktiv und Indikativ nach *dass* drücken die gleiche Distanz aus.		X
• Der Konjunktiv wird im alltäglichen Leben wie selbstverständlich von jedem angewendet.		X
• Viele Menschen beherrschen den Konjunktiv nicht.	X	
• In der Umgangssprache wird der Konjunktiv häufig nicht verwendet.	X	
• Der Konjunktiv gehört zum Stil der gehobenen Standardsprache.		X
• Er wird deshalb vor allem in Nachrichten und offiziellen Texten bevorzugt. *(Der Minister kündigte an, dass er diese Probleme in China ansprechen werde).*	X	

Seite 77

1

Die Lösungen von ***sagen*** könnten u.a. folgende Untergruppen beinhalten: **leise sagen** (flüstern, wispern, tuscheln…), **informativ/förmlich sagen** (mitteilen, informieren, berichten…), **laut sagen** (schreien, rufen, brüllen…) o. Ä.

Lösungen von ***denken*** könnten u.a. folgende Untergruppen beinhalten: **strukturiert denken** (überlegen, reflektieren, sich besinnen, nachdenken…), **angestrengt denken** (knobeln, sich den Kopf zerbrechen, sich das Hirn zermartern, tüfteln, rätseln…), **sorgenvoll denken** (grübeln, sinnieren, sich einen Kopf machen…) o. Ä.

Seite 78

2

Fremdwort (Adjektiv oder Verb)	Definition	Fremdwort (Substantiv/Nomen)
antagonistisch (A)	gegensätzlich	Antagonismus
deskriptiv (A)	beschreibend	Deskription (eher selten)
divergieren (V)	auseinandergehen, abweichen	Divergenz
empathisch (A)	einfühlsam, anteilnehmend	Empathie
emphatisch (A)	begeistert	Emphase
exemplarisch (A)	beispielhaft	Exemplar (Abbild, Muster), Exemplifizierung (Verdeutlichung anhand eines Beispiels)
explizit (A)	ausdrücklich	Explikation (Erklärung, Verdeutlichung – selten!)
imaginieren (V)	(sich) vorstellen, ausdenken	Imagination
metaphorisch (A)	ein sprachliches Bild betreffend, übertragen, bildlich	Metapher
mystisch (A)	geheimnisvoll, dunkel, zur Mystik (besondere Form der Religiosität) gehörend	Mystik
mythisch (A)	sagenhaft, legendenhaft	Mythos, Mythologie (Lehre/System vom M.)
normativ (A)	maßgebend, als Norm/Vorgabe dienend	Norm, Normativität
postulieren (V)	feststellen, zur Bedingung machen	Postulat
stimulieren (V)	anregend, ermunternd	Stimulus
visionär (A)	prophetisch, vorausschauend	Vision, Visionär

3

- Die Verse 3587f. in Goethes „Faust I" zeigen, dass der Autor freilich kein astreines Hochdeutsch schrieb.
  besser: Die Verse 3587f. in Goethes „Faust I" zeigen, dass der Autor eben kein korrektes Hochdeutsch schrieb.

- Es wird von einigen in Deutschland fei als sehr ungerecht empfunden, dass die Steuersätze progressiv und nicht als Linie raufgehen!
  besser: Es wird von einigen in Deutschland durchaus als sehr ungerecht empfunden, dass die Steuersätze in Deutschland progressiv und nicht linear ansteigen.

wichtig: Modalpartikel (wie *freilich, wohl, wohl nicht, fei*...) können – wie im ersten Satz – nicht ohne weiteres getilgt werden, da sie durchaus zur Verstärkung oder Fokussierung einer Aussage dienen können.

Seite 79

4

- Im Folgenden will ich zeigen, welche Bedeutung die Sprache für die Sturm und Drang-Dramen hat.
  besser: Im Folgenden werde ich zeigen, welche Bedeutung die lebendige, teils drastische Sprache für die Sturm und Drang-Dramen hat.
- Wir kommen nun zu einem wichtigen Punkt.
  besser: Diesen Satz löschen. Die Wichtigkeit des folgenden Punktes sollte sich aus dem argumentativen Aufbau des Textes ergeben. Wenn man auf die Wichtigkeit eines Punktes ausdrücklich hinweisen muss, sind die Argumente vermutlich zu schwach.
- Wir werden die Wahlergebnisse gründlich untersuchen und eine Analyse zahlreicher Aspekte durchführen, um den Ursachen für dieses Ergebnis auf die Spur zu kommen.
  besser: Wir werden die Wahlergebnisse gründlich untersuchen, um den Ursachen für dieses Ergebnis auf die Spur zu kommen. Der Inhalt wird durch das Verbleibende abgedeckt.

5

- Die Figuren in Goethes „Faust II" bilden in ihrer Gesamtheit sozusagen ein mehrdimensionales Abbild der Moderne, ~~sie sind zusammen quasi ein vielgestaltiges Bild der modernen Welt.~~
- Keinesfalls, so die Vertreter der These von der menschengemachten Klimaveränderung, bedeute eine globale Erwärmung eine ~~Art von~~ Temperaturerhöhung in Europa. Es könne sozusagen auch dazu kommen, dass der Golfstrom ~~eigentlich~~ schwächer werde und der Zufluss warmen Wassers Richtung Europa nachließe.

6

- Goethe schrieb das Buch „Faust I" in 1808.
  besser: Hier ist *Drama* der präzisere Ausdruck. Goethe schrieb das Drama Faust I auch nicht 1808, sondern er brauchte dafür einige Jahre. Das Drama erschien aber 1808. *In 1808* ist ein falscher Anglizismus, es muss *im Jahre 1808* oder *1808* heißen.
- Im Folgenden werde ich mich um Länder ohne Regierung kümmern, die sogenannten „failed states". Dazu werde ich zunächst auf das Beispiel von Somalia eingehen.
  besser: Der Schreiber will sich nicht um die Länder kümmern, sondern sich mit der Problematik von *failed states* auseinandersetzen.
- Mit seiner Betonung der Gefühle entsprach Goethe in den 1770er Jahren den zeitlichen Ansichten über Dichtung.
  besser: Statt *zeitlich* muss es *zeitgenössisch* heißen. Auch *zeitgemäß* ist möglich, bringt aber eine wertende Komponente mit hinein.

Seite 80

7

- finale Konjunktionen/Adverbien: um ... zu, damit, für, dass, auf dass ...
- modale (die Art und Weise ausdrückende) Konjunktionen/Adverbien: ...
- konditionale (eine Bedingung ausdrückende) Konjunktionen/Adverbien: wenn, falls, im Falle, dass; sofern, soweit ...
- konsekutive Konjunktionen/Adverbien: sodass, als dass, dass ...
- adversative (einen Gegensatz ausdrückende) Konjunktionen/Adverbien: ...
- kausale Konjunktionen/Adverbien: weil, zumal da; zumal, nun ...

8

- Eine Argumentation eröffnen, Grundlagen definieren und ein Thema umreißen: ausgehend von, zu Beginn, als Erstes, auf der Grundlage von, vor dem Hintergrund von, dem Ansatz von XYZ folgend ...
- Argumentationselemente auflisten: und, außerdem, daneben, zudem, nicht nur [...] sondern auch, weiterhin, zusätzlich, ebenfalls, auch, darüberhinaus ...
- Argumentationselemente einschränken oder Gegensätze entwickeln: allerdings, jedoch, dagegen, andererseits, dennoch, aber, im Gegensatz dazu, anders die Position/Haltung von XYZ, in Kontrast dazu, dem widerspricht jedoch XYZ ...
- Argumentationselemente betonen oder herausheben: besonders, vor allem, gerade, dabei sticht XYZ heraus ...
- Fazit ziehen und ein Ergebnis präsentieren: insgesamt, abschließend kann man sagen, in der Summe, als Fazit lässt sich festhalten, dass [...]; als Fazit lässt sich folgendes festhalten, daraus ergibt sich (insgesamt), in der Gesamtschau der Argumente (Fakten, Meinungen ...) ergibt sich folgendes Gesamtbild ...

Seite 81

9

- Wie wir wissen, ist die Fotosynthese ein zentraler Prozess des Lebens auf der Erde.
  besser: Die Fotosynthese gilt als ein zentraler Prozess des Lebens auf der Erde.
- Es ist ja klar, dass Schiller eine kritische Haltung gegenüber dem Absolutismus entwickeln musste.
  besser: Warum sollte das klar sein? Umgangssprache ist hier unangemessen und es fehlt ein Argument.

Besser z.B.: Aufgrund seiner eigenen Schulerfahrungen war es nicht überraschend, dass Schiller eine kritische Haltung gegenüber dem Absolutismus entwickeln musste.

- Ohne Frage ist die Soziologie eine Leitwissenschaft des 19. Jahrhunderts.
  besser: Auch hier wird apodiktisch behauptet – mehr nicht. Besser z. B.: In der Forschung gilt die Soziologie als eine Leitwissenschaft des 19. Jahrhunderts.
- Wir Menschen kennen die Probleme, die mit Google und dem Datenschutz entstehen.
  besser: Bei knapp 7 Mrd. Menschen auf der Erde (davon geschätzte knapp 20% Internetnutzer) ist das eine unzulässige Verallgemeinerung. Es muss differenzierter argumentiert werden, z.B.: Internetnutzer kennen die Probleme, die mit Google und dem Datenschutz entstehen.

10

- Das ~~emotionale~~ Gefühl der Liebe nimmt eine bedeutende Position ~~und Rolle~~ in dem ~~literarischen~~ Roman von Paul Nizon ein.
- Ohne soziologische ~~Gesellschafts~~untersuchungen kann es nicht gelingen, die Gesellschaft zu verstehen.
- Geht man von der Integration stilistischer Aspekte in die Zensur der Aufsatznote aus, erkennt man, dass auch der Stil für die Bewertung eine Rolle spielt.
  besser: Zahlreiche Redundanzen bestimmen diesen Satz, inhaltlich enthält er nicht mehr als: Bei der Bewertung des Aufsatzes spielt auch der Stil eine Rolle.

11

- Die Interpretation lyrischer Texte erzeugt oftmals besondere Komplikationen.
  besser: Die Interpretation lyrischer Texte ist oftmals besonders kompliziert. Oder: Lyrische Texte zu interpretieren ist oftmals besonders kompliziert.
- Eine soziale Integration von Lehrern außerhalb der Schule ist stets mit erheblichen Schwierigkeiten verbunden.
  besser: Es ist stets sehr schwierig, Lehrer außerhalb der Schule zu sozialisieren.
- Ohne die Erarbeitung grundlegender Analysekompetenzen im Deutschunterricht kann ein erfolgreicher Abschluss der Schule kaum erfolgen.
  besser: Die Schule kann kaum erfolgreich abgeschlossen werden, ohne dass grundlegende Analysekompetenzen erarbeitet wurden. Oder: Man kann die Schule kaum erfolgreich abschließen, ohne sich Analysekompetenz erarbeitet zu haben.
- Vor dem Hintergrund einer Analyse der Biografie des Autors und der historischen Kontexte werde ich eine Interpretation von Tacitus' „Germania“ vornehmen.
  besser: Ich werde zunächst die Biografie des Autors und die historischen Zusammenhänge analysieren. Davon ausgehend werde ich Tacitus' „Germania“ interpretieren.

Seite 82

12

- **Verbesserungsvorschlag:** Über das Schreiben nachzudenken hat große Bedeutung für die Hauptfigur und ist Inhalt des Romans.
  Oder: Das Schreiben hat große Bedeutung für die Hauptfigur in diesem Roman. Der Protagonist denkt stets über das Schreiben nach.
- **Verbesserungsvorschlag:** Ein Auto mit einem Motor von niedriger Qualität wird alsbald in der Werkstatt enden. **Oder:** Wenn die Qualität des Motors nicht ausreicht, wird das Auto alsbald in der Werkstatt enden.
- **Verbesserungsvorschlag:** Polizeibeamte müssen sich auch in Psychologie, Sozialpädagogik und Gesprächsführung qualifizieren, denn sie sind heute in vielen Situationen eher Sozialarbeiter.
- **Verbesserungsvorschlag:** Aişe ist jetzt sauer, weil sie Sandra ein Handy gegeben hat. **Oder:** Sandra ist jetzt sauer, weil sie von Aişe ein Handy bekommen hat.

13

- Goethe *[S]*, dessen Karriere als Minister und enger Vertrauter des Herzogs von Weimar bis dahin sehr erfolgreich verlaufen war, hatte *[P1 Hilfsverb]* sich 1786 unangekündigt für eine mehrjährige Italienreise entschieden *[P2 Vollverb]*.
  besser: Goethe *[S]* entschied *[P]* sich 1786 unangekündigt für eine mehrjährige Italienreise, obwohl seine Karriere als Minister und enger Vertrauter des Herzogs von Weimar bis dahin sehr erfolgreich verlaufen war.
- Ohne Darwins Thesen, die dieser vor dem Hintergrund einer klerikal bestimmten Naturanschauung und zugleich ohne forschungsgeschichtliche Vorgänger formuliert hatte, ist *[P1 Kopulaverb]* die moderne Evolutionsbiologie *[S]*, die sich dennoch seit der Weltumsegelung der „HMS Beagle“ in den 1830er Jahren rasant entwickelt hat, kaum denkbar *[P2 Prädikativum]*.
  besser: Darwin hatte seine Ideen vor dem Hintergrund einer klerikal bestimmten Naturanschauung und zugleich ohne forschungsgeschichtliche Vorgänger formuliert. Ohne seine Thesen ist die moderne Evolutionsbiologie kaum denkbar. Dennoch hat sie sich seit der Weltumsegelung der „HMS Beagle“ in den 1830er Jahren rasant entwickelt.

14

- **Eine große Anzahl** von Eltern, die Zeitungen schrieben von 2.000 Menschen, besuchte das Schulfest.
- **Ein Gedicht, ein Drama und ein Roman**, alle diese Textsorten finden sich Goethes Gesamtwerk, das zwischen und 1766 und 1832 entstand, bilden eine denkbar große Auswahl unterschiedlicher Textsorten.
- Zwischen Patagonien und Südafrika ist **das Wetter** für das Schiff und seine Besatzung bedrohlich: Die Temperaturen sind eisig, das Meer tobt, Gischt spritzt.
- **Die Klassengemeinschaft** aus 30 Schülern, die meisten kannten sich schon seit der Grundschule, fuhr für ein Wochenende nach Sylt.

- **Die große Menge** an kleinen Anfragen qualifizierte den Abgeordneten nach dem Regierungswechsel für einen Ministeriumsposten.
- **Ein gesundes Frühstück und Zeit zum Erholen**, dazu gehört auch Sport, sind wichtig für Kinder.

Seite 83

1

Die Entwicklung des Internets

Das Aufkommen des Internets steht in seiner Bedeutung für den ~~sozialen und~~ gesellschaftlichen Wandel auf einer Ebene mit der Erfindung des Buchdrucks und der ~~so wichtigen~~ Entdeckung Amerikas. Die Internettechnologie gilt als Schlüsselfaktor gegenwärtiger gesellschaftlicher und ökonomischer Veränderungen ~~in Gesellschaft und Wirtschaft~~; wir sprechen in diesem Zusammenhang ~~und Kontext~~ auch von der Informationsgesellschaft oder der E-Society. Entscheidend neben dem Zugang zu den Informationen ist ~~für einen~~ aber vor allem die Fähigkeit ~~und Kompetenz~~, sich diese nutzbar zu machen. // Begründer des World Wide Web (WWW), des heute wichtigsten Dienstes des Internets, ist der britische Informatiker ~~und Wissenschaftler~~ Tim Berners-Lee, der 1989 am Cern, dem ~~total beliebten~~ europäischen Kernforschungslabor in Genf, ~~direkt am Genfersee gelegen~~, eine Lösung für einen einheitlichen Informationsaustausch im Internet entwickelte. Berners-Lees Ziel war es, ein System zu schaffen, in dem Wissenschaftler ihre Forschungsergebnisse auf einfache Art und Weise weltweit miteinander austauschen können. Dies war zunächst nur in Textform möglich. // ~~Umwerfend r~~**R**iesige Popularität und ~~umwerfend~~ enormes Wachstum bescherte dem Internet die Veröffentlichung des ersten grafischen Browsers 1993 durch Marc Andreessen. Tim Berners-Lee ließ seine Ideen und technischen Umsetzungen ~~gar nicht und~~ niemals patentieren und stellte die Nutzung des WWW der Allgemeinheit zur Verfügung. // ~~In~~ **Im Laufe des Jahres** 1994 begannen die ersten Unternehmen und Firmen, eigene Websites im Internet einzurichten, und aufgrund der rapiden Computerisierung wurden immer mehr private Haushalte an das Internet angebunden. In den folgenden Jahren vollzog sich die Verbreitung des WWW in einer atemberaubenden Geschwindigkeit. // Das Web 2.0 wird auch als „Mitmach-Internet" bezeichnet und umfasst alle ~~Aktivierungen~~ **Aktivitäten** und technischen Anwendungen, die es den Benutzern ermöglichen, eigenständig Inhalte in Form von Profilen, Bookmarks, Fotos, Videos, Kommentaren und so weiter im Internet zu veröffentlichen und anderen Nutzern zugänglich zu machen sowie mit anderen Nutzern zu kommunizieren ~~und auszutauschen~~. Der Nutzer ist nicht mehr länger Konsument, sondern wird selbst zum ~~Produzierer~~ **Produzenten**, indem er Inhalte bereitfügtstellt. Er kann auf einfache Weise ~~Filme~~, Fotos, Videos und Tagebucheinträge veröffentlichen oder bereits veröffentlichte Inhalte ~~kollationieren~~ **kommentieren**.

Seite 84

2

Mögliche Lösung: Zu Beginn des neuen Schuljahres durfte jede Gruppe **ihre Position darlegen.** Die Computerabteilung **war der Auffassung**, dass ein Wlan-Netz in der Schule zu gefährlich sei, da es kaum gegen elektronische Angriffe zu sichern sei. Dem schloss sich die Schulleitung an, auch sie **vertrat die Ansicht**, dass die Computer mit den Noten durch ein Wlan-Netz gefährdet würden. **Beiden Gruppen entgegneten die Schüler**, dass ein Wlan-Netz den Unterricht verbessern würde, weil viel mehr mit Computern im Klassenraum gearbeitet werden könne. **Auch einige Lehrer argumentierten ähnlich, für sie bot ein Wlan-Netz viele Möglichkeiten zur Medienerziehung**. **Jedoch äußerten andere Lehrer auch ihre Bedenken**, ein Wlan-Netz würde nur überflüssige Kosten verursachen. Die Elternschaft **erläuterte**, dass ihr Datenschutz und neue Unterrichtsmethoden gleichermaßen wichtig seien.

3

Mögliche Lösung:

Vor dem Hintergrund der Tatsache, dass Blogs in den letzten Jahren ein wachsendes Medium digitaler Selbstinszenierung geworden sind, stellt sich die Frage, ob Blogs konventionelle Tagebücher ersetzen werden.

In vielerlei Hinsicht weisen Blogs technische Vorteile gegenüber dem konventionellen Tagebuch auf. So verfügt ein Blog über prinzipiell unbegrenzten Speicherplatz. Auf einem handelsüblichen USB-Stick lassen sich Informationsmengen speichern, die in Tagebüchern notiert Meter oder sogar Kilometer an Buchrücken umfassen würden.

Außerdem können die Inhalte eines Blogs jederzeit aktualisiert, ergänzt oder gelöscht werden. **Daneben** kann ein Blog außer Texten und statischen Abbildungen – den Medien, die auch im konventionellen Tagebuch konserviert werden können – auch Töne und Videosequenzen enthalten. **Ein weiterer Vorteil** eines Blogs ist die Möglichkeit, ihn unabhängig vom Ort des Autors für Freunde, Bekannte oder auch für unbekannte Internetnutzer zu öffnen. Auf die Weise können Andere an dem Anteil nehmen, was einen selbst bewegt. **Besonders** bei Problemen, die man auf dem Blog publiziert, können einem so Freunde oder sogar Unbekannte helfen, denen Ähnliches zugestoßen ist.

Doch **obwohl** Blogs zweifellos in vielen Punkten dem konventionellen Tagebuch technisch überlegen sind, weisen sie im Vergleich auch Unterschiede auf, die man als Nachteile werten kann. Ein Tagebuch kann seinen Reiz gerade daraus beziehen, dass es unveränderbar ist. **Auch** dass es über eine begrenzte Seitenzahl und damit über begrenzten „Speicherplatz" verfügt, ist nicht unbedingt ein Nachteil – wird man so doch zur Konzentration auf das Wesentliche gezwungen. Die Beschränkung auf Schrift und Fotos zwingt den Tagebuchschreiber **außerdem** dazu, Erlebnisse und Gefühle in eine eigene Form zu bringen und nicht einfach per Knopfdruck ein Video oder eine Musikstück abzuspeichern. Auf die Weise wird ein Tagebuch zu mehr als zu einer Chronik der Musikstile und Fotos der letzten Jahre. Sicherlich werden Blogs zunehmend ein Medium werden, sich im Netz stets aktuell und persönlich zu präsentieren. Aber **insgesamt** wird es ihnen wohl kaum gelingen, eine ernsthafte Konkurrenz zum konventionellen Tagebuch zu werden, denn zu unterschiedlich sind die besonderen Möglichkeiten dieser beiden Dokumentationsarten.

Seite 85

4

Textausschnitt A:
Wortwahl: Zahlreiche rhetorische Figuren, z.B.:
Z. 1: „Rosenfinger der Morgenröte": Allegorie, außerdem Personifikation
Z. 2: „schneller Pfeil": Metapher
Z. 2f.: „mächtigen Wuchs [...] Kuhaugen": Tierdarstellung eines technischen Gegenstands
Z. 3f.: „Genauigkeit und Schärfe des Indianers auf dem Kriegspfade": Vergleich
Z. 5: „Hals länger als der der leichtfüßigen Giraffe": Tierdarstellung
Z. 6f.: „gleich dem Helden einer Stilübung": Vergleich
Z. 7f: „Göttin der Zweitracht mit rußigen Brüsten": Allegorie
Z. 8: „von einem Nichts an Zahnpasta verpesteten Mund": Litotes (verneinter Gegenbegriff)
Z. 11: „bösartigen Virus": Metapher
Syntax: hypotaktisch, lange Sätze mit mehreren untergeordneten Nebensätzen – der zu analysierende Abschnitt besteht aus gerade einmal 3 Sätzen.

Textausschnitt B:
Wortwahl:
- umgangssprachliche Ausdrücke und Wendungen (teils abwertend/pejorativ):
  Z. 1: „was über Mittag": umgangssprachlich für „kurz nach Mittag"
  Z. 3: „Stenz": umgangssprachlich für „eitler junger Mann"
  Z. 3: „Deckel": umgangssprachlich für „Hut"
  Z. 4: „Knall auf Fall": umgangssprachlich für „plötzlich"
- umgangssprachliche Lautauslassungen und Schmelzwörter (Kontraktion aus unterschiedlichen Wortarten):
  Z.1: „'S": für „es"
  Z. 1: „Ch/ch": für „ich"
  Z. 3: „glotzn": Kontraktion aus Verb „glotzen" und Personalpronomen „ihn"
  Z. 3: „umn": Kontraktion aus Präposition „um" und Artikel „den"

Syntax: unterschiedlich lange Sätze, deren Bau sich allein aus dem Erzählfluss ergibt

Überschriften:
Textausschnitt A: Die Originalüberschrift lautet „Schwülstig". Auch denkbar sind folgende Ausdrücke, die allerdings teilweise andere Bedeutungsschwerpunkte setzen und die negative Wertung von *schwülstig* nicht enthalten: poetisch, dichterisch, ausdrucksvoll, bildreich, romantisch.
Textausschnitt B: Die Originalüberschrift lautet „Vulgär". Auch denkbar sind folgende Ausdrücke: drastisch, derb, unfein, unanständig.

Fortsetzung der Texte A und B im Stil wie „Angaben":
Individuelle Lösungen

Seite 87

1

Der Egon-Erwin-Kisch-Preis, benannt nach dem Prager Journalisten, der mit seinen Reportagen vor und nach dem Ersten Weltkrieg enorm erfolgreich war, ist sicher die bedeutendste Auszeichnung für Reporter in Deutschland. Verliehen wurde der Preis kürzlich an René Pfister, einen Journalisten der Hamburger Wochenzeitung „Der Spiegel". Weil Pfister in einem Artikel über den CSU-Vorsitzenden Horst Seehofer dessen Modelleisenbahn beschrieben hatte, ohne sie gesehen zu haben, wurde der Preis ihm aber rasch wieder aberkannt. Pfister hatte auf Nachfrage noch während der Preisverleihung erklärt, dass er seine Informationen über das Hobby des bayerischen Politikers nicht aus eigener Anschauung hatte. Vielmehr hat Pfister sich auf Berichte anderer Presseleute, die den Keller Seehofers gesehen hatten, gestützt. Die Entscheidung der Jury des Egon-Erwin-Kisch-Preises ist umstritten, Kollegen Pfisters von unterschiedlichen Zeitungen haben sich gegen die Aberkennung ausgesprochen. Es sei, so äußerten sich einige Journalisten, unerheblich, ob Pfister die Modelleisenbahnanlage selbst gesehen habe. Ein Porträt eines Politikers sei keine Dokumentation eines Hausbesuchs und deshalb könne ein Autor seinen Text mit unbezweifelten Tatsachen aus anderen Quellen ergänzen, ohne dass dadurch der Wahrheitsgehalt des gesamten Artikels berührt werde.

2

Das Telefonierverhalten, das [~~K~~/**R**] viele Jugendliche heute an den Tag legen, unterscheidet sich sehr stark von den Kommunikationssitten ihrer Eltern. Die Eltern hatten in ihrer Jugend gelernt, dass [**K**/~~R~~] Telefonieren teuer ist. Dass [**K**/~~R~~] man „einfach so" eine Freundin oder einen Freund anruft, das war für die Elterngeneration in ihrer Jugend undenkbar. Auch heute noch denken viele Eltern, dass [**K**/~~R~~] ihre Kinder weniger per Handy oder Festnetztelefon kommunizieren sollten. Das gilt gerade für Gespräche mit der Freundin oder dem Freund in der Nachbarschaft. Viele Eltern finden, das [~~K~~/**R**: *hier Sonderfall: Demonstrativpronomen*] könnten die Kinder doch auch durch einen persönlichen Besuch ersetzen. Gleichwohl gibt es keine Anzeichen dafür, dass [**K**/~~R~~] die Gesprächszeit jugendlicher Handynutzer abnimmt.

3
das ist Artikel oder Relativpronomen:
Man kann es im Falle des Relativpronomens mit *welcher, welches, welche* oder *der, das, die* ersetzen. Beispiel: *Das Haus, das (welches) neu gebaut wurde, gehört seinem Bruder.*
dass ist Konjunktion
Ein Ersatz ist nicht möglich. Beispiel: *Er freute sich so, dass er sie bald wiedersehen würde.*

Seite 88

4
Ohne **dass das** Auto losgefahren wäre, bewegte es sich: Der Kran hob das Fahrzeug über die Schrottpresse, so **dass** der grüne PKW nahezu senkrecht über der bedrohlich erscheinenden Anlage schwebte. **Das** war ein ungewöhnlicher Anblick, fand Martin, der **das** Auto immer sehr gemocht hatte. Sein Wagen hatte ihn nahezu **das** gesamte Leben mit Führerschein begleitet. **Dass** es auch ohne Auto ging, würde er jetzt beweisen, denn das nagelneue Fahrrad wartete vor dem Schrottplatz, und **dass** er bald in Urlaub fahren würde, stand auch schon fest. Dieses mal allerdings ohne **dass** er vorher **das** betagte Fahrzeug in die Werkstatt bringen musste. Er würde die Bahn nehmen, **das** wusste er.

5
Satzgefüge Satzreihen

Tilman Steffen.
Lobbyisten im Lehrerzimmer
Viele Schulen unterrichten Wirtschaft. Doch Lehrmaterialien und Lehrerbildung werden von Wirtschaftsverbänden dominiert. Forscher sind beunruhigt.
Schülerfirmen organisieren die Pausenversorgung, in Börsenspielen scheffeln Jugendliche virtuelle Aktiengewinne. Im April erreichte die Schulfarm Insel Scharfenberg den ersten Platz des Wettbewerbs „Schul/Banker" des Bundesverbandes deutscher Banken. Die Privatschüler aus dem Berliner Westen investierten und bilanzierten mit Geschick, sie prüften Zinsspannen und handelten mit Wertpapieren. Am Ende gab es 5.000 Euro aus der Kasse der Lobbyisten.
Die Sparkassen veranstalten das Planspiel Börse, die Wirtschaftsverbände fluten die Unterrichtsräume mit Lehrmaterialien. [...] Auch die Schüler mögen es. Knapp drei Viertel plädieren für ein eigenständiges Schulfach Wirtschaft. Das ergab zumindest eine Umfrage des Bankenverbandes. Wirtschaftsdidaktiker verschiedener Universitäten appellieren seit Jahrzehnten an die Kultusministerien, das Fach verbindlich einzuführen. *(Sonderfall: Hauptsatz + Infinitivkonstruktion als Satzgefüge zu werten)* Bisher können die Schüler in den meisten Bundesländern zwar ein wirtschaftsbezogenes Unterrichtsfach wählen, aber nur in wenigen Ländern ist es Pflicht. Als in NRW ein Modellversuch begann, war das Interesse riesig. (...)
Doch die Bildungsbudgets der Länder sind knapp, die Ausstattung vieler staatlicher Schulen ist dürftig. In diese Lücke stoßen Wirtschaftsverbände und andere Interessenvertreter. Kritiker sehen die Schulen mittlerweile von Wirtschaftsliberalen okkupiert.

Seite 89

1
Text 1: Die ganze Anlage, die *(Relativpronomen)* ein prächtiges oberes Schloss, einen hügelabwärts der Stadt sich zuneigenden weiträumigen Garten und nebst mancherlei Nebengebäuden noch ein unteres, eingeschossiges Schloss umfasst, das *(Relativpronomen)* den Garten abschließt, hat der Feldherr Prinz Eugen zu Anfang des achtzehnten Jahrhunderts errichten lassen. Weil *(Konjunktion)* sich vom oberen Schloss ein grandioser Blick auf die Stadt bietet, wurde der Komplex schließlich Belvedere genannt. Das obere, später fertig gestellte Schloss, ein Hauptwerk des Architekten J. Lukas von Hildebrandt, gedachte Prinz Eugen der fürstlichen Repräsentation zu, für Feste, Einladungen und derlei Angelegenheiten, die *(Relativpronomen)* einem der reichsten Männer, klügsten Geister und skrupellosesten Feldherren Europas zu Gebote standen, das untere Schloss war als Sommerresidenz angelegt.
Wirkung: detailliert, korrekt; auch: distanziert

Text 2: An einer schmalen Stelle haben wir einen Steinwall durch das Wasser gezogen. Eine Stunde oder länger haben wir dafür gebraucht. Wir haben schwere Brocken geschleppt, jeder allein, aber auch zu zweit. Das ist noch gar nichts. Steine sind dem Wasser egal, es springt einfach drüber oder quetscht sich durch, was *(Relativpronomen)* immer schneller geht.
Wirkung: unmittelbar, monoton

Text 3: Dann war wiederum Schweigen. Der Waldstein hüllte sich fester in seinen Mantel. Der Regen schlug mit großer Heftigkeit an das Dach der Kutsche, und *(koordinierende Konjunktion)* unter den Rädern und den Pferdehufen sprang das Wasser aus den Pfützen in Kaskaden hoch.
Wirkung: spannend, unmittelbar, beklemmend

Text 4: Plötzlich wachte sie auf. Es war halb drei. Sie überlegte, warum *(Interrogativpronomen, relativisch gebraucht)* sie aufgewacht war. Ach so! In der Küche hatte jemand gegen einen Stuhl gestoßen. Sie horchte nach der Küche. Es war still. Es war zu still und *(Konjunktion)* als *(Konjunktion)* sie mit der Hand über das Bett neben sich fuhr, fand sie es leer. Das war es, was *(Relativpronomen)* es so besonders still gemacht hatte: Sein Atem fehlte. Sie stand auf und tappte durch die dunkle Wohnung zur Küche. In der Küche trafen sie sich. Die Uhr war halb drei. Sie sah etwas Weißes am Küchenschrank stehen. Sie machte Licht. Sie standen sich im Hemd gegenüber.
Wirkung: unmittelbar, beklemmend; auch: spannend

Seite 91

1

zusammenrücken • Rad fahren • getrennt schreiben • schönfärben • schwimmen gehen • hochstapeln • da sein • inmitten • nach Hause • teilnehmend • bahnbrechend

2

In den letzten Monaten sind mehrere brandaktuelle Erfahrungsberichte über besondere „Auszeiten" erschienen: Mehrere Autoren haben nicht **umständehalber** sondern freiwillig einige Wochen auf das Internet verzichtet, mancher hat zudem sogar das Handy einige Zeit lang abgeschaltet. Freudestrahlend oder **leiderfüllt** wird nun darüber berichtet, wie es ist, ohne moderne Kommunikationsmittel **auszukommen**. Während der ersten Tage, so der Tenor aller Reportagen, hat es die Betroffenen nahezu **rasend gemacht**, vermeintlich ohne Verbindung zur Welt zu sein, und sie haben ihren Selbstversuch **des Öfteren** infrage gestellt. Im Laufe der Zeit haben sie aber gelernt, das Leben „nur" **mithilfe /mit Hilfe** von persönlichen Gesprächen, Briefen, Faxen oder Festnetztelefonaten zu meistern. Insgesamt plädiert keiner der Autoren für einen kompletten Verzicht auf moderne Kommunikationsmittel, dies sei eine schwer verständliche/schwerverständliche Reaktion. Durch eine solche Totalverweigerung könnten einem auch tatsächlich wichtige Kontakte gerade im geschäftlichen Bereich abhandenkommen.
Sie möchten aber dem Leser **anheimstellen**, über realistische Optionen nachzudenken: Etwa vor dem Arbeitstag keine E-Mails abzurufen, oder das Haus auch einmal ohne Handy zu verlassen – zugunsten einer echten Privatheit auf einem Spaziergang. Dann, so die Autoren, kann einem **zuteilwerden**, was auch sie selbst erfahren haben: eine **zeitweise** Entschleunigung des Alltags, die auf jeden Fall **wohltuend** ist.

Seite 92

3

Wortverbindungen	Regel	weiteres Beispiel
umständehalber	Adverb	krankheitsbedingt
leiderfüllt	Weil der Erstbestandteil durch eine Wortgruppe ersetzbar ist (*von großem Leid* erfüllt), schreibt man zusammen	freudestrahlend
auskommen	trennbare Zusammensetzung aus Verbzusatz + Verbstamm wird normalerweise zusammengeschrieben	wiederfinden
rasend machen	Adjektiv/Partizip + Verb werden nur in Ausnahmefällen zusammengeschrieben (z.B. bei Idiomatisierung: *schwerfallen*), sonst auseinander	dingfest machen
des Öfteren	substantiviertes Adverb	des Weiteren
mithilfe / mit Hilfe	Normalerweise werden Präpositionen von Substantiven getrennt geschrieben („mit Freude"). In manchen festen Wendungen ist das Substantiv jedoch verblasst. Dann wird zusammengeschrieben und es entsteht entweder ein Adverb („zuhause") oder eine Präposition („infolge"). Da sich etliche dieser Fügungen in einem Übergangsstadium befinden, sind bei ihnen beide Schreibweisen korrekt („zuhause" oder „zu Hause")	zuhause / zu Hause
anheimstellen	Weil *anheim* nicht mehr frei vorkommt, schreibt man zusammen.	vorliebnehmen
zuteilwerden	Weil *zuteil* nicht mehr frei vorkommt, schreibt man zusammen.	zupasskommen
zeitweise	normales Adverb	paarweise
wohltuend/ wohltuend	Verbindungen aus *wohl* und adjektivisch gebrauchtem Partizip können getrennt oder zusammengeschrieben werden.	wohlschmeckend/ wohl schmeckend

4

- Moderne Fahrzeuge werden ihre Energie **ebenso** aus Benzin wie aus Batterien beziehen.
  Er ist **eben so** erzogen.
- Er verbesserte seine Note, **indem** er mehr lernte.
  Er ließ seinen Spickzettel **in dem** Etui verschwinden.
- Man kann die Vase dort **stehen lassen**.
  Diese Anschuldigung konnte er nicht einfach so **stehenlassen**.
- Ohne Beweise muss man den Angeklagten oft **freisprechen**.
  Der Referent konnte sehr gut **frei sprechen**.
- Er wollte die Klausur auch **krank schreiben**, sonst hätte er sie wiederholen müssen.
  Er hätte sich aber besser **krankschreiben** lassen sollen.
- Bei diesem Skandal konnte die Firma ihren Abteilungsleiter nicht **fallenlassen**.
  In dem Hotelzimmer hatte der Gast eine Vase **fallen lassen**.

Seite 93

5

fahrenvielemehrerealle**schlussfolgern**ausmitohne **schlafwandeln**dunkelhell**bitterböse**gelbobenunten linksrechtskurz**langweilen**seitlichmittig**maßregeln**gefährlich**schutzimpfen**krankersatz**liebäugeln**hundkatze mausallein**heimwärts**auseinanderzusammenbauen

6

a) Das Gesicht von Ernst war **e**rnst und er drohte Alfred, mit der Klage **E**rnst zu machen. *(Regel 4)*
b) Das war Alfred nur **r**echt, denn er war sich sicher, vor Gericht **R**echt zu bekommen.
c) Bei dem Fest fanden sich **J**ung und **A**lt zusammen. *(Regel 2)*

d) Auch die Teilnehmer der Sportwettkämpfe waren **j**unge und **a**lte Athleten. *(Normalfall: Adjektivkleinschreibung)*

e) Zu den Kulturtechniken gehören **L**esen und Schreiben. *(Regel 1)*

f) Es ist wichtig, **l**esen und **s**chreiben zu können. *(Normalfall: Verbkleinschreibung)*

g) Beim **V**erfassen von Klassenarbeiten ist auf Klarheit der Argumentation zu achten. *(Regel 1)*

h) Wenn wir Klassenarbeiten **v**erfassen, müssen wir auf Klarheit der Argumentation achten. *(Normalfall: Verbkleinschreibung)*

i) Ohne **Ü**ben wird es nicht gehen. *(Regel 1)*

j) Er wusste, er würde noch **ü**ben müssen. *(Normalfall: Verbkleinschreibung)*

Seite 94

7

In der (**d**/~~D~~)eutschen Sprache gibt es nicht nur viele Wörter aus dem (~~l~~/**L**)ateinischen, sondern auch eine Reihe von Wörtern aus dem (~~a~~/**A**)rabischen, beispielsweise „Alkohol" und „Benzin". Es ist aber nicht nötig, beim (~~s~~/**S**)chreiben dieser Wörter über die Herkunft nachzudenken. Man kann vielmehr ein gewöhnliches Wörterbuch nutzen und darin (**n**/~~N~~)achschlagen. Meist lassen sich dort Hinweise auf den fremden Ursprung von (**b**/~~B~~)ekannten Wörtern finden. Andernfalls lässt sich durch das (~~r~~/**R**)echerchieren in einem sogenannten „etymologischen Wörterbuch" (**e**/~~E~~)twas über die Geschichte eines Wortes (**l**/~~L~~)ernen. Hier finden sich (~~v~~/**V**)ermerke wie „arab." die auf die historische Herkunft (~~h~~/**H**)inweise liefern. Ohne diese Abkürzungen zu (**k**/~~K~~)ennen, kann man so ein Wörterbuch aber auch nicht sinnvoll (**n**/~~N~~)utzen. Hier gilt es also, den (~~g~~/**G**)ebrauch des Nachschlagewerks zu (**ü**/~~Ü~~)ben, denn nur (~~ü~~/**Ü**)bung macht den Meister.

8

- Eines **Tages** *(Substantiv)* kam er nicht mehr nach **Hause** *(Substantiv)*, **tags** *(Adverb)* darauf gab die Ehefrau eine Vermisstenanzeige auf.
- Gewohnt hatte er – wie sie auch – in der **Danziger Straße** *(Ableitung geographischer Ableitung auf -er)*, sagte sie dem Polizisten.
- Sie war zunächst **außerstande** *(Adverb)*, weitere Angaben zu machen.
- „Ich weiß nicht, was ich **Ihnen** *(höfliche Anrede)* noch sagen soll, denn **Sie** *(höfliche Anrede)* wissen jetzt alles," schrieb **sie** *(Personalpronomen)* am nächsten Tag an die Polizei.
- Mitgenommen hatte **ihr** *(Personalpronomen)* Mann lediglich ihren Hund, eine **dänische Dogge** *(adjektivische Ableitung von Eigennamen auf -isch)*, die **von klein auf** *(Kleinschreibung des Adjektivs trotz fester Fügung* bei ihnen gelebt hatte.
- Und das nach all den Jahren, dachte sie, sie waren doch gemeinsam durch **dick und dünn** *(Kleinschreibung des Adjektivs trotz fester Fügung)* gegangen.
- Der Hund war **anderntags** *(Adverb)* wieder da, am **Mittag** *(Substantiv)* jaulte er vor der Haustür.
- Er hingegen blieb **für immer und ewig** *(Kleinschreibung trotz fester Fügung)* verschwunden.

Seite 95

1

- Das Unternehmen Shell gibt seit 60 Jahren eine Jugendstudie in Auftrag und die Firma bezahlt die Wissenschaftler für ihre Arbeit. HS, HS → K
- Im Jahre 2010, als sie letzte Untersuchung 4 Jahre alt war, wurde die aktuelle Studie der Öffentlichkeit vorgestellt. HS, NS, HS → O
- Dabei wurde herausgefunden, dass insgesamt eine wachsende Zuversicht bei den Jugendlichen herrscht und dass das aber nicht auf alle Herkunftsmilieus gleichermaßen zutrifft. HS, NS, NS → R
- Dass Jugendliche aus unterprivilegierten Verhältnissen pessimistischer sind, zeigt sich hier deutlich. NS, HS → R
- Gebildete Jugendliche sind dagegen zuversichtlicher geworden. HS → E
- Auch dass sozial benachteiligte Jugendliche nicht nur zunehmend Zeit mit dem Computer, sondern auch vor dem Fernseher verbringen, ist ein Ergebnis der Sozialforscher. NS, HS → K
- Dagegen sind Jugendliche aus privilegierten Elternhäusern mehr und mehr mit Lesen beschäftigt, einer klassischen Kulturtechnik des Bildungsbürgertums. HS → T

Lösungswort: KORREKT

2

Nicht zuletzt die Globalisierung**,** die viele Lebensbereiche mittelbar oder unmittelbar beeinflusst**,** hat zu einem gesteigerten Interesse an bilingualem Schulunterricht geführt. Eltern erhoffen sich, dass ihre Kinder durch bilingualen Unterricht besser auf die spätere bilinguale Arbeitswelt vorbereitet werden. Sie machen ihr Interesse seit einiger Zeit deutlich**,** indem sie Schulen mit bilingualem Unterrichtsangebot bevorzugen. Ohne entsprechend ausgebildete Lehrer und neue Schulbücher ist bilingualer Unterricht aber nicht zu leisten**,** weil die Anforderungen an Inhalte und Methodik verändert sind. Ein Experte erklärte außerdem**: „**Die inhaltlichen Anforderungen des Fachunterrichts dürfen bei bilingualem Unterricht nicht gesenkt werden.**"**

Es sind nur Kommas vor oder am Ende noch Nebensätzen einzusetzen und am Ende die wörtliche Rede zu markieren. Sonst keine Besonderheiten.

3

- Der Autofahrer drohte dem Polizisten, das Fahrzeug zu zerstören. *(Das Fahrzeug muss nicht dem Polizisten gehören.)*
  Der Autofahrer drohte, dem Polizisten das Fahrzeug zu zerstören. *(Es ist wohl das Fahrzeug des Polizisten).*

- Heute, bei kräftigem Wind und Sonnenschein, bietet sich ein Segeltörn an. *(Der ganze Tag hat kräftigen Wind und Sonnenschein.)*
  Heute bei kräftigem Wind und Sonnenschein bietet sich ein Segeltörn an. *(In den Zeiten des heutigen Tages, an denen kräftiger Wind und Sonnenschein herrscht.)*
- Niemals, das glaubte Jakob, ohne sich jedoch völlig sicher zu sein, würde der Zug ohne ihn, der doch einer der Schaffner war, abfahren. *(ohne Kommas unübersichtliche Satzstruktur)*
- Sie freute sich immer wieder, nach Bonn fahren zu können. *(Freude immer dann, wenn sie nach Bonn fuhr)*
  Sie freute sich, immer wieder nach Bonn fahren zu können. *(Freude, dass sie immer wieder nach Bonn fahren konnte)*
- Viele Mitschüler sind in Prüfungsdingen noch nicht so versiert wie ich. *(kein Komma)*
- Hakan, mein Bruder und ich gehen in dieselbe Klasse. *(Die Rede ist von 3 Personen)*
  Hakan, mein Bruder, und ich gehen in dieselbe Klasse. *(Die Rede ist von 2 Personen: mein Bruder Hakan und ich)*

Seite 96

4

Um fünfzehn Uhr begann der Wettbewerb. Schon seit dem frühen Vormittag, einige Journalisten berichteten später sogar von ersten Ankömmlingen schon im Morgengrauen, *(Einschub)* waren Zuschauer zur Sportstätte geströmt, *(zweiter koordinierter Hauptsatz)* hatten Autos die Parkplätze verstopft. Nun endlich erschien der erste Sportler in seinem bunten von zahlreichen Sponsorenhinweisen verzierten Anzug und(,) *(fakultatives Komma wegen „und")* sogleich wurde er über Lautsprecher angekündigt. Er sei, so hieß es, *(eingeschobener Hauptsatz)* einer der Nachwuchsstars, einer von dem noch Großes, ja vielleicht sogar ein Olympiasieg, zu erwarten sei. *(nachgestellter weiterer Hauptsatz)* Langsam, *(gereihtes Attribut)* ganz langsam bewegte sich der Athlet auf dem Balken zur Startposition, *(temporaler Nebensatz)* bevor er sich, nicht ohne zuvor ein letztes Mal die Brille zurechtgerückt zu haben, *(eingeschobene Infinitivkonstruktion)* in die Anlaufspur schob. Und tatsächlich, seine Absprunggeschwindigkeit, die von einer digitalen Anzeige für alle Zuschauer dokumentiert wurde, *(Relativsatz)* war perfekt, *(gereihter Hauptsatz)* die Haltung während der Flugphase vorbildlich und er landete, ohne dass irgendeine Unsicherheit erkennbar gewesen wäre, *(eingeschobener Nebensatz)* fuhr in den Auslauf hinein und konnte schließlich, als endlich der Schanzenrekord gemeldet wurde, *(eingeschobener Nebensatz)* die Arme zur Siegerpose hochreißen, *(gereihter Hauptsatz)* ins Publikum winken und die Ski abschnallen. Auch den Sponsoren, die besonders auf solche internationalen Erfolge achteten, *(Relativsatz)* konnte er melden, *(Nebensatz)* dass er bei diesem Wettbewerb nicht nur einfach gesiegt, *(koordinierter weiterer Nebensatz, aber wegen* sondern *Komma)* sondern mit weitem Abstand gewonnen hatte.

5

A Der Erzähler berichtet, wie er bei der Wohnungssuche auf eine Finnin getroffen sei, die ihm ihre eigene Wohnung anbot. Sie müsse die Wohnung manchmal vermieten, wenn sie keine Arbeit habe, erklärte sie, und wohne dann bei Freunden. *(vgl. Textausschnitt 1, Z. 1–9)*

B Die Finnin Lotta ist sofort damit einverstanden, weiter in der untervermieteten Wohnung zu leben. *(vgl. Textausschnitt 1, Z. 13)*

C Mit Adjektiven wie „kalt und windig" *(Textausschnitt 2, Z. 1)* wird später das Wetter beschrieben. Diesem negativen Eindruck entspricht die beschriebene Stimmung der Figuren, denn, so der Erzähler, Graham war wütend *(vgl. Textausschnitt 2, Z. 5)*. Dies ist ein Resultat der Beziehung, die sich zwischen dem Erzähler und Lotta angebahnt hatte. Mit „Weißt Du einen Platz für mich?" *(vgl. Textausschnitt 1, Z. 10f.)* hatte dabei die Finnin die Initiative ergriffen.

10.2 Übungen zur Zeichensetzung durchführen

1 Notieren Sie jeweils hinter den Sätzen das Satzbaumuster, welches passt. Das Lösungswort zeigt Ihnen, ob alles korrekt ist.

HS→**E** • HS, NS, HS→**O** • NS, HS→**R** • HS→**T** • NS, HS→**K** • HS, NS, NS→**R** • HS, HS→**K**

Das Unternehmen Shell gibt seit 60 Jahren eine Jugendstudie in Auftrag und die Firma bezahlt die Wissenschaftler für ihre Arbeit. ________

Im Jahre 2010, als die letzte Untersuchung 4 Jahre alt war, wurde die aktuelle Studie der Öffentlichkeit vorgestellt. ________

Dabei wurde herausgefunden, dass insgesamt eine wachsende Zuversicht bei den Jugendlichen herrscht und dass das aber nicht auf alle Herkunftsmilieus gleichermaßen zutrifft. ________

Dass Jugendliche aus unterprivilegierten Verhältnissen pessimistischer sind, zeigt sich hier deutlich. ________

Gebildete Jugendliche sind dagegen zuversichtlicher geworden. ________

Auch dass sozial benachteiligte Jugendliche nicht nur zunehmend Zeit mit dem Computer, sondern auch vor dem Fernseher verbringen, ist ein Ergebnis der Sozialforscher. ________

Dagegen sind Jugendliche aus privilegierten Elternhäusern mehr und mehr mit Lesen beschäftigt. ________

Lösungswort: ________________

2 Fügen Sie die fehlenden Satzzeichen in den Text ein und begründen Sie.

Nicht zuletzt die Globalisierung die viele Lebensbereiche mittelbar oder unmittelbar beeinflusst hat zu einem gesteigerten Interesse an bilingualem Schulunterricht geführt. Eltern erhoffen sich dass ihre Kinder durch bilingualen Unterricht besser auf die spätere bilinguale Arbeitswelt vorbereitet werden. Sie machen ihr Interesse seit einiger Zeit deutlich indem sie Schulen mit bilingualem Unterrichtsangebot bevorzugen. Ohne entsprechend ausgebildete Lehrer und neue Schulbücher ist bilingualer Unterricht aber nicht zu leisten weil die Anforderungen an Inhalte und Methodik verändert sind. Ein Experte erklärte außerdem Die inhaltlichen Anforderungen des Fachunterrichts dürfen bei bilingualem Unterricht nicht gesenkt werden.

3 Welche Probleme entstehen in den Beispielen durch das Fehlen des Kommas?
→ Schreiben Sie die Sätze ab, bei denen der Satz durch unterschiedliche Zeichensetzung zwei verschiedene Bedeutungen erhält.
→ Setzen Sie in den anderen Fällen die fehlenden Kommas ein.

- Der Autofahrer drohte dem Polizisten das Fahrzeug zu zerstören.
- Heute bei kräftigem Wind und Sonnenschein bietet sich ein Segeltörn an.
- Niemals das glaubte Jakob ohne sich jedoch völlig sicher zu sein würde der Zug ohne ihn der doch einer der Schaffner war abfahren.
- Sie freute sich immer wieder nach Bonn fahren zu können.
- Viele Mitschüler sind in Prüfungsdingen noch nicht so versiert wie ich.
- Hakan mein Bruder und ich gehen in dieselbe Klasse.

4 Entscheiden Sie, wo Kommas eingesetzt werden müssen.
→ Schreiben Sie den Text ab, setzten Sie die Zeichen und formulieren Sie eine Regel.
→ Kontrollieren Sie mithilfe des Regelteils eines Rechtschreibwörterbuchs Ihre Entscheidungen und korrigieren Sie sie gegebenenfalls.

Um fünfzehn Uhr begann der Wettbewerb. Schon seit dem frühen Vormittag einige Journalisten berichteten später sogar von ersten Ankömmlingen schon im Morgengrauen waren Zuschauer zur Sportstätte geströmt hatten Autos die Parkplätze verstopft. Nun endlich erschien der erste Sportler in seinem bunten von zahlreichen Sponsorenhinweisen verzierten Anzug und sogleich wurde er über Lautsprecher angekündigt. Er sei so hieß es einer der Nachwuchsstars einer von dem noch Großes ja vielleicht sogar ein Olympiasieg zu erwarten sei. Langsam ganz langsam bewegte sich der Athlet auf dem Balken zur Startposition bevor er sich nicht ohne zuvor ein letztes Mal die Brille zurechtgerückt zu haben in die Anlaufspur schob. Und tatsächlich seine Absprunggeschwindigkeit die von einer digitalen Anzeige für alle Zuschauer dokumentiert wurde war perfekt die Haltung während der Flugphase vorbildlich und er landete ohne dass irgendeine Unsicherheit erkennbar gewesen wäre fuhr in den Auslauf hinein und konnte schließlich als endlich der Schanzenrekord gemeldet wurde die Arme zur Siegerpose hochreißen ins Publikum winken und die Ski abschnallen. Auch den Sponsoren die besonders auf solche internationalen Erfolge achteten konnte er melden dass er bei diesem Wettbewerb nicht nur einfach gesiegt sondern mit weitem Abstand gewonnen hatte.

5 Vergleichen Sie die Textstellen im Original (Textauschnitt 1 und 2) mit den Zitaten und ergänzen Sie die Satzzeichen und Stellenangaben der zitierten Stellen.

Textausschnitt 1:
Lotta war Finnin und wohnte im West Village auf Manhattan. Ich brauchte für einige Zeit eine Wohnung. Eine Agentur hatte mir Lottas Nummer gegeben.
„Ich muss die Wohnung manchmal vermieten", sagte Lotta, „wenn ich keine Arbeit habe."
„Und wo wohnst Du in der Zwischenzeit?", fragte ich.
„Meistens bei Freunden", sagte sie, „aber diesmal habe ich noch niemanden gefunden. Weißt Du einen Platz für mich?"
Die Wohnung war groß genug, und so bot ich ihr an zu bleiben. Sie willigte sofort ein.

Textausschnitt 2:
Die Überfahrt war kalt und windig. Als wir zum Auto kamen, war schon der ganze Himmel bewölkt, und nachdem wir losgefahren waren, begann es zu regnen. Wir sprachen nicht viel. Graham war wütend und fuhr viel zu schnell. Er gehe bald zurück in die Schweiz, sagte er, er habe endgültig genug von Amerika. Seine Frau werde dann wohl oder übel mitkommen müssen. Sie lebe immer noch von seinem Geld.

Zitat A
Der Erzähler berichtet, wie er bei der Wohnungssuche auf eine Finnin getroffen sei, die ihm ihre eigene Wohnung anbot. Sie müsse die Wohnung manchmal vermieten, wenn sie keine Arbeit habe, erklärte sie, und wohne dann bei Freunden.

Zitat B
Die Finnin Lotta ist sofort damit einverstanden, weiter in der untervermieteten Wohnung zu leben.

Zitat C
Mit Adjektiven wie kalt und windig wird später das Wetter beschrieben. Diesem negativen Eindruck entspricht die beschriebene Stimmung der Figuren, denn, so der Erzähler, Graham war wütend. Dies ist ein Resultat der Beziehung, die sich zwischen dem Erzähler und Lotta angebahnt hatte. Mit Weißt Du einen Platz für mich hatte dabei die Finnin die Initiative ergriffen.